# PIE
# ENGLISH
파이 잉글리시

맛있게 즐기는
달콤한 영어회화

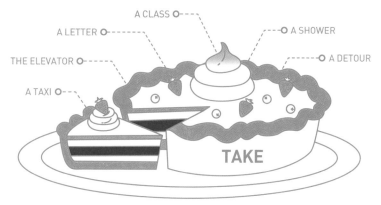

A CLASS
A LETTER
THE ELEVATOR
A TAXI
A SHOWER
A DETOUR
TAKE

조이스 박 지음

PIE
ENGLISH
파이 잉글리시

로그인

# 차 례

## PART 1
# 동사

## PART 2
## 명사

## PART 3

# 동사
### 보다 / 말하다 / 바라다

영어에 대한 지식과 정보가 넘쳐나는 시대에 살고 있습니다. 정보의 홍수로 인해 어디로 가야 할지 판단이 서지 않아 종종 길을 잃기도 합니다. 오랫동안 많은 사람들을 대상으로 영어를 가르치면서 '어떻게 하면 제대로 된 영어의 길로 가는 이정표를 제시할 수 있을까?' 많이 고민했습니다. 시각적인 요소를 통해 쉬우면서도 싫증 나지 않는 영어 학습이 이루어지도록 하자는 데 생각이 미쳤습니다. 이를 위한 첫 번째 책으로 동사의 쓰임을 '박스 채우기'라는 재미있고 단계적인 과정을 통해 자연스럽게 익힐 수 있게 만든 회화 훈련서 《BOX ENGLISH(박스 잉글리시)》를 선보였습니다. 그리고 두 번째 단계인 이 책《PIE ENGLISH(파이 잉글리시)》를 통해서는 연어(連語), 즉 콜로케이션(collocation)을 파이 차트(pie chart) 안에 넣어 시각화하는 작업을 해보았습니다.

"두 개 이상의 단어가 특정한 의미를 전달하기 위해 자주 함께 쓰이는 단어의 조합"으로 정의되는 콜로케이션은 영어로 말하거나 글을 쓸 때 매우 중요한 영어 지식입니다. 설명에서도 볼 수 있듯 콜로케이션은 숙어나 관용어구처럼 고정되어 늘 붙어 다니는 표현이 아닌 한 단어의 앞이나 뒤에 자주 같이 오는 표현들을 말합니다. 이를테면 'raining cats and dogs'는 '비가 억수 같이 오다'라는 뜻의 숙어입니다. 숙어에서는 이 표현을 'rain dogs and cats' 식으로 순서를 바꾸거나 'rain kittens and puppies'라고 하여 가는 비가 온다는 뜻으로 쓸 수 없습니다. 하지만 콜로케이션은 다릅니다. '비가 많이 온다'는 표현을 'rain heavily'라고 한다고 해봅시다. 대개는 heavily가 뒤에 오지만 'rain hard'나 'rain incessantly', 'rain intensely'와 같이 순서를 바꾸거나 다른 식으로 표현할 수 있습니다. 이렇듯 콜로케이션은 좀 더 다양하고 자연스러운 표현이 가능하도록 해줍니다.

시각화 학습서의 두 번째 단계로 콜로케이션을 다루어야겠다고 생각한 것은, 학생들을 가르치는 과정에서 콜로케이션이 문제되는 경우를 생각보다 많이 보았기 때문입니다. 학생들에게 "이번 학기에 교양영어 수업을 듣고 있다"라는 문장을 영작해 보라고 했습니다. 결과는 놀라웠습니다. 많은 학생들이 "I'm hearing/listening(to) General English this semester"라고 썼습니다. 한국말로 수업을 '듣다'라고 하니 영어로도 '듣다'를 의미하는 동사를 쓰는 오류를 범한 거죠. 안타깝지만 한국어에서 영어로 가는 기본적인 마인드셋조차 아직 갖춰지지 않았다는 의미입니다.

어느 정도 의사소통이 가능한 영어를 구사하고 싶다면 한국어로 묘사하는 방식 그대로 영어로 사용하려는 생각을 버려야 합니다. 우리가 '멍멍'이라고 묘사하는 강아지 짖는 소리가 다른 언어 구사자에겐 'bow wow'로 들릴 수 있다는 시점 전환이 필요합니다. 고맙게도 콜로케이션은 한국어에서 영어로 가는 매우 중요한 다리 역할을 해줍니다. 이러한 콜로케이션의 개념을 정확하게 알려주기 위해 기본 동사와 명사 36개를 선정, 해당 동사·명사의 주요 콜로케이션을 파이 차트 안에 정리했습니다. 각각의 조각에 담긴 콜로케이션을 습득하는 과정에서 학습자들의 마음이 달달해지기를 바라는 마음까지 담았습니다. 하나의 단어에서 뻗어 나간 표현들이 여러 갈래로 가지를 치고, 연결되어 있는 의미망(sematic map)이 머릿속에 자리 잡는다면 앞으로 영어를 유창하게 구사하는 데 큰 도움이 될 것입니다.

이 책에 나오는 콜로케이션 표현들은 기본 중의 기본입니다. 그런 만큼 아직 초보 단계에 있는 학습자와 10대 학생들이 많이 봐주었으면 합니다. 또 하나, 이 책에 담긴 정보 외에도 콜로케이션은 수없이 많습니다. 그러니 이 책에 만족하지 말고 더 큰 영어의 길로 갈 수 있는 실력을 쌓기 바랍니다. 《BOX ENGLISH(박스 잉글리시)》와 《PIE ENGLISH(파이 잉글리시)》에 이어 시각적인 요소를 통해 영어 학습을 도울 한 권의 책이 더 남아 있습니다. 여러분들이 달콤한 파이를 먹으며 콜로케이션의 세계를 즐기는 동안 열심히 집필할 예정입니다. 영어 구문의 구조를 이해하는 데 도움이 될 시각화 학습서는 이렇게 총 세 권으로 마무리하려 하오니 다음에 나올 책도 기대해 주세요.

2023년 가을 끝에서
조이스 박

# Part 1
# 동사

# Take 1

- **take** a course 경로로 가다
- **take** Interstate 21 21번 국도로 가다
- **take** the way out 나가는 길을 타다
- **take** the ramp 경사로를 타다
- **take** a short cut
  지름길로 가다
- **take** No. 2 route
  2번 루트로 가다

- **take** a taxi 택시로 가다
- **take** the subway 전철로 가다
- **take** the train 기차로 가다
- **take** the bus 버스로 가다
- **take** the plane
  비행기로 가다

**어디로 가는 길**

**교통수단**

**Take 1**

**방향**

**올라가는 길**

- **take** a turn 돌다
- **take** detour 우회하다

- **take** the stair 계단으로 가다
- **take** the elevator 엘리베이터로 가다
- **take** the escalator 에스컬레이터로 가다

**Tip!**

- Interstate는 미국의 고속도로를 의미한다. 한 주(state)와 다른 한 주(state)를 잇는 고속도로라서 크다. 보통 번호를 붙여서 칭한다.

- 교통수단 앞에는 a일까, the일까? 택시를 예로 들면 많은 택시 가운데 하나를 타는 것이므로 a가 맞다. subway나 bus, train과 같이 systems of transportation 앞에는 보통 the를 쓴다. plane은 a와 the를 둘 다 쓸 수 있으나 a를 써서 특정 비행 편을 지칭하기도 한다.

목적지로 가는 여러 가지 옵션 중 하나를 골라 취한다

- Which highway should I take to get to Seattle? 시애틀로 가려면 어떤 고속도로를 타야 하죠?
- Let's take the ramp out after the next intersection. 다음 교차로를 지나 나가는 경사로를 타고 가자.

여러 가지 교통수단 중 하나를 골라 취한다  Cf. 타고 간다고 해서 ride를 쓰지 않는다

- I'll take a taxi to the airport tomorrow. 저는 내일 공항에 택시 타고 갈게요.
- It's better to take the subway to make it for the appointment. 약속 시간을 맞추려면 전철을 타는 게 나아요.

방향 중 하나를 골라 취한다

- Please take a right turn after the hospital. 병원 지나서 우회전 해주세요.
- Every vehicle was advised to take a detour due to an auto crash on Highway 99E. 99E 고속도로의 자동차 사고로 모든 차량은 우회하라는 말이 있었다.

위로 올라가는 여러 가지 옵션 중 하나를 골라 취한다

- A lot of people take the stairs for exercise these days. 요새는 많은 이들이 운동을 하려고 계단으로 간다.
- It may take long to wait for the elevator. Why don't we take the escalator? 엘리베이터를 기다리는 데 시간이 오래 걸릴 수 있어요. 에스컬레이터를 타는 게 어때요?

Gina : At the Heathrow Airport, I took the Underground to Gloucester Street.

Kevin : What's the Underground like?

Gina : Well, the London Tube is the oldest subway system, and there aren't many escalators or elevators.

Kevin : Oh, weren't you carrying a big suitcase with you?

Gina : Yeah. I had to take the stairs. It was a nightmare.

Kevin : Didn't anyone offer to help?

Gina : Actually, a man did help when I asked. He carried my suitcase all the way to the ground floor.

지나 : 히스로 공항에서 나는 글로스터 스트리트까지 전철을 탔어.

케빈 : 지하철은 어땠어?

지나 : 음, 런던 지하철은 가장 오래된 지하철 시스템이라서 에스컬레이터나 엘리베이터가 별로 없어.

케빈 : 어, 커다란 여행 가방을 끌고 다니지 않았어?

지나 : 응. 계단으로 올라가야 했어. 끔찍했지.

케빈 : 누가 도와준다고 하지 않았어?

지나 : 사실은, 도와달라니까 한 남자가 그러기는 했어. 내 여행 가방을 지상까지 쭉 들어줬어.

Take를 이용해서 다음 문장을 영어로 말해보세요.

01 나는 시장을 가로지르는 지름길을 통해 도서관으로 갔다.

🔊 I took the short cut through the market to the library.

02 엘리베이터를 기다리는 사람이 너무 많아서 계단으로 가는 게 더 빠를 거야.

🔊 It will be faster to take the stairs as too many people are waiting for the elevator.

03 시청으로 가려면 151번 버스를 타세요.

🔊 Please take the 151 bus to get to the City Hall.

04 전철로 공항까지 갈 수 있어. 태워주지 않아도 돼.

🔊 I can take the subway to the airport. You don't have to give me a ride.

---

**NOTE!**

- ☐ hail a taxi 택시를 잡다(택시를 세우는 동작을 하다)
- ☐ get a taxi 택시를 잡다(탈것인 택시가 필요해서 구하다)
- ☐ take a taxi 택시로 가다(택시라는 교통수단을 택해서 그걸 이용해 가다)
   **Cf.** call a taxi 전화로 택시를 부르다

밑줄 친 부분에 들어갈 알맞은 단어를 보기에서 찾아 채우세요.

보기

detour    hail    walk    take    takes    taken    take

1. _____ing up the stairs is good for your health.

2. After the show, too many people were _____ing for a taxi, so we gave up trying to _____ one and ended up walking home for an hour.

3. In the poem, "The Road Not Taken," a young man _____ a less traveled road, and years later he wonders about the other road he did not _____. (*요약문 synopsis는 언제나 단순 현재로 쓴다.)

4. You should have _____ the right turn after the department store.

5. Let's take a _____ at the next intersection. There's a parade moving along the next street.

정답 ❶Walk(ing) ❷hail(ing)/take ❸takes/take ❹taken ❺detour

**Unit 2.**

# Take 2

- **take** down 받아 적다
- **take** notes 필기하다
- **take** a letter 편지를 받아 적다
- **take** dictation 받아쓰기를 하다
- **take** minutes 회의록을 작성하다
- **take** temperature
  체온을 재다

**들어서 적다**

- **take** a test 시험을 치다
- **take** a class 수업을 듣다
- **take** advice 충고를 받아들이다
- **take** exercise (건강을 위해) 운동을
  시작하다
- **take** charge 책임을 지다
- **take** turns 차례대로 맡다

**(취해서) 자기 것으로 만들다**

**Take 2**

- **take** medicine / pills
  약 / 알약을 먹다
- **take** carbs 탄수화물을 섭취하다

**먹다, 섭취하다**

- **take** a step 한 걸음 내딛다
- **take** action 행동을 취하다
- **take** measures 조치를 취하다

**조치를 취하다**

**Tip!**

- "앞으로 한 발짝 나와주세요"는 "Would you please take a step forward"이다. 뒤로 한 발짝은 'backward'를, 옆으로는 'aside'를 쓴다.

### "들어서 적다"

귀로 들어 취해서(take) 아래에 적다(down)

- Taking notes is a good strategy for longer listening questions in TOFEL. 필기를 하는 것은 토플 장문 리스닝에 좋은 전략이야.
- It's your turn to take minutes at the next meeting. 다음 회의 때는 네가 회의록을 작성할 차례야.

### "(취해서) 자기 것으로 만들다"

손을 내밀어 무언가를 취하여 품에 넣는 상상을 해본다

- I'm taking 7 classes this semester. 이번 학기에 나는 7과목을 듣고 있어.
- Giving advice is no use unless the other party takes it. 상대가 받아들이지 않으면 충고하는 건 소용없어.

### "먹다, 섭취하다"

내 속으로 취하다 **Cf.** intake가 섭취, 섭취량이라는 뜻의 명사

- The doctor told me to take 2 pills every day. 의사는 내게 하루에 2알씩 먹으라고 했다.
- Taking less carbs helps you to lose some weight. 탄수화물 섭취를 줄이는 게 체중 감량에 도움이 돼.

### "조치를 취하다"

행동을 취하다

- Could you take a few steps aside? 옆으로 몇 걸음만 가 주시겠어요?
- It's already too late to take measures to curb the spread of the virus. 그 바이러스의 확산을 막기 위한 조치를 취하기에는 너무 늦었나.

Helen : Dan refused to take the doctor's advice to stop smoking and get exercise.

Karen : How did he quit smoking and get back in shape?

Helen : We decided to get a dog. It changed him. Dan had to walk our dog, Spot, at least three times a week. It was a good exercise for him, too. And as he grew to care about Spot, he was able to quit smoking.

Karen : Wow, a little dog has been a blessing to you and Dan!

Helen : Indeed. I'm even taking a knitting class to make some clothes for Spot.

헬렌 : 댄은 담배를 끊고 운동을 하라는 의사의 조언을 받아들이지 않더라고.

캐런 : 그럼 어떻게 담배를 끊고 몸매를 되찾은 거야?

헬렌 : 우리는 개를 키우기로 했어. 그 때문에 댄이 변한 거야. 댄은 우리 개 스팟을 최소 일주일에 세 번은 산책시켜야 했거든. 댄한테 좋은 운동이 됐어. 거기다 댄이 스팟과 점점 정이 들면서 담배도 끊더라고.

캐런 : 와, 작은 개 한 마리가 너와 댄에게 축복이었네!

헬렌 : 그러게 말야. 나는 심지어 스팟의 옷을 만들어주려고 뜨개질 수업도 듣고 있잖아.

Take를 이용해서 다음 문장을 영어로 말해보세요.

**01**

제가 지금부터 부르는 번호를 받아 적으세요.

🗣 Please take down the numbers I'm calling out now.

**02**

운동하면서 단백질을 함께 섭취해야 근육을 키울 수 있어.

🗣 You need to take some protein when you work out to build muscles.

**03**

우리는 돌아가면서 불침번을 섰다.

🗣 We took turns keeping the night watch.

**04**

화가 났을 때 행동하지 마(조치를 취하지 마).

🗣 Don't take action when you are angry.

**NOTE!**

□ Take (in) less carbs 탄수화물을 덜 먹다

≠ Take (in) carbs less (한국어 직역 표현) 한국어의 부사는 영어에서 많은 경우 형용사로 처리한다.

밑줄 친 부분에 들어갈 알맞은 단어를 보기에서 찾아 채우세요.

보기

minutes     take     word     measures     take

1. This medicine prevents starches from being absorbed by the body. _____ a pill 15 minutes before a meal.

2. The SAT is an exam high school students _____ to go to college.

3. Please take my _____ for it. He is a con man.

4. They decided to take _____ to make sure that didn't happen again.

5. I was busy taking _____ while they were arguing over the project.

정답 ❶Take ❷take ❸word ❹measures ❺minutes

- **break** a window 창을 깨다
- **break** a heart 심장을 깨뜨리다
- **break** a record 기록을 깨다
- **break** a habit 습관을 버리다
- **break** the silence 침묵을 깨다
- **break** the ice 얼음을 깨다
- **break** the mold
  틀을 깨다
- **break** ground
  착공하다
- **break** new
  ground
  신기원을 이루다

- **break** the rules 규칙을 어기다
- **break** the law 법을 위반하다
- **break** a promise 약속을 어기다

**깨뜨리다**

**어기다**

**Break**

**그 외**

**부러뜨리다**

- **break** a bone / an arm
  뼈가 / 팔이 부러지다
- **break** a leg! 행운을 빌어!

- **break** a code 암호를 풀다
- **break** the news to (좋지 않은)
  소식을 누군가에게 처음으로 알려주다
- **break** even 본전치기를 하다
- **break** loose 탈주하다, 도주하다

**Tip!**

- "나 팔이 부러졌어"는 "I broke my arm"이라고 쓴다. 절대 "나는 내 팔을 부러뜨렸어"가 아니다. 정말로 자기 손가락을 자기가 부러뜨렸다고 말하고 싶으면 myself를 써서 "I broke my finger myself"라고 하면 된다.

- break the news는 보통 breaking news(속보)의 형태로 쓰인다.

- break ground도 groundbreaking(신기원을 이룬, 획기적인)이라는 형용사로 자주 쓰인다.

- 'Break a leg!'는 공연에 나가는 이들에게 행운을 빌어주는 표현이다.

## "깨뜨리다"

깨뜨리고 새로 만들다, 깨뜨려 없애다

- The German athlete broke the record for the high jump. 그 독일 선수가 높이뛰기 기록을 깼다.
- Lisa mercilessly broke his heart. 리사는 무자비하게 그의 심장을 깨트렸다.

## "어기다"

정해진 것을 부수다

- You should face the consequences of your actions when you break all the rules.
  모든 규칙을 다 어겼을 때는 네 행동의 결과를 감당해야지.
- Karen broke the law when she drove the wrong way on a one-way street.
  일방통행로에서 반대편으로 운전한 카렌은 법을 위반했다.

## "부러뜨리다"

물리적으로 부러뜨리다

- After he broke his arm, he was home for weeks. 그는 팔이 부러진 뒤 몇 주 동안 집에 있었다.
- He said, "Break a leg!" to me before I went on to the stage. "행운을 빌어!" 내가 무대에 오르기 전 그가 내게 말했다.

## 그 외

풀다, 흘리다 등

- Sherlock had to break the code on Irene's phone. 셜록은 아이린 전화의 비밀번호를 풀어야 했다.
- Lisa's family members waited several days until her conditions improved to break the news that her parents had been killed in the accident. 리사의 가족들은 리사의 상태가 좋아질 때까지 며칠을 기다렸다가 리사의 부모님들이 그 사고로 죽었다는 소식을 전했다.

Carl : I was so nervous when I gave my first speech. It took me some time to learn how to break the ice.

Sarah : I can't picture you as a novice speaker. You are so good.

Carl : Everyone starts somewhere. I've been there, too.

Sarah : Any tips on how to break the ice?

Carl : Well, throwing a good question is one good way to start especially with one that breaks the mold.

Sarah : Such as?

Carl : Like, "Did you know women's average life span was shorter than men's before the 20th century?"

칼 : 처음으로 연설할 때 너무 긴장됐어. 분위기를 좋게 만드는 데 시간이 걸리더라.

사라 : 초보 단계인 너를 상상할 수가 없어. 엄청 잘하잖아.

칼 : 모두들 어디선가는 시작하지. 나도 한때는 초보였어.

사라 : 분위기를 좋게 하는 방법에 대해 조언해 줄 건 없어?

칼 : 음, 좋은 질문을 던지는 게 시작하는 좋은 방법이야. 특히 기존의 틀을 깨는 질문이면 말이지.

사라 : 예를 들면?

칼 : 이를테면 "20세기 이전에는 여자의 평균 수명이 남자보다 짧았던 거 알고 계셨나요?" 이런 거.

Break를 이용해서 다음 문장을 영어로 말해보세요.

01 식후에 커피를 마시는 습관을 버리세요.

🗣 Please break the habit of having a coffee after a meal.

02 존은 2년 안에 돈을 갚겠다는 약속을 어겼다.

🗣 John broke his promise to pay back the money within 2 years.

03 작은 기침 소리를 내며 앤드류는 마침내 침묵을 깨고 말하기 시작했다.

🗣 With a small cough, Andrew finally broke the silence and began to speak.

04 수십 마리의 소가 그 목장에서 도망 나와 그 고속도로 주변을 헤매고 있었다.

🗣 Dozens of cows broke loose from the ranch and were wandering around the highway.

**NOTE!**

☐ break rules ≒ bend rules

break rules는 분명하게 규칙을 어기는 것을 말하는 반면 bend rules는 좀 더 미묘한 접근으로 기존의 규칙을 유연하게 적용하는 식으로 딱히 규칙을 위반하지는 않고 그 경계를 확장하는 정도의 행위를 가리킨다.

밑줄 친 부분에 들어갈 알맞은 단어를 보기에서 찾아 채우세요.

보기

even    word    mold    code    ground

1. You broke your _____ that you would attend the meeting.

2. To access the safe, Michael must break the _____ on the security system.

3. It is so important to support your children and help them break out of the _____ they were cast into.(*아이들이 빚어져 온 틀을 깰 수 있도록)

4. The city broke _____ on a project to build 75 apartment buildings for the underpriviledged.(*underpriviledged=불우이웃)

5. They hoped that they would at least break _____, and perhaps make a small profit from the project.(*최소한 손해는 보지 않기를 빈다.)

정답   ❶word  ❷code  ❸mold  ❹ground  ❺even

# Make 1

**❶** 만들다　　　　　　　　　**❻** 표현하다

**❷** 정리하다　　　　　　　　**❼** 선출하다

**❸** 일으키다, 생기게 하다　　**❽** (돈을) 벌다

**❹** 되다

**❺** (결정, 추측, 논평 등을) 하다

- **make** a comment 언급하다
- **make** a statement 진술하다
- **make** a speech 연설하다
- **make** an inquiry 문의하다
- **make** a joke 농담하다
- **make** a prediction 예측하다

말하다

- **make** a promise 약속하다
- **make** an excuse 변명하다
- **make** a point 요지를 밝히다
- **make** an apology 사과하다
- **make** an offer 제안하다

**Make 1**

소통을 주고받다

소리 내다

- **make** a sound 소리를 내다
- **make** noise 소음 / 소리를 내다
- **make** a (phone) call 전화하다(방문하다)

- **make** an allusion / a suggestion 암시하다
- **make** an objection 반대하다
- **make** a complaint 불평하다, 불만을 신고하다
- **make** a threat 위협하다

**Tip!**

- "여우는 어떤 소리를 낼까요?"를 영어로는 "What sound does a fox make?"라고도 하고 "What noise does a fox make?"라고도 한다.

## "말하다"

말을 해서 어떤 메시지를 전달하다

- Later, the guide made a comment that the crash had not been an accident.
  이후 그 가이드는 그 충돌이 우연한 사고가 아니었다고 언급했다.
- The researcher made an inquiry on the documents related to the old experiment. 그 연구원은 과거 실험과 관련된 문서에 대한 문의를 했다.

## "소통을 주고받다"

대화, 협상, 거래 등을 하며 하는 이런저런 행위들

- Have you ever made a promise to someone and purposely did not keep it?
  누군가에게 약속을 해놓고 일부러 지키지 않은 적이 있나요?
- He clearly made the point he was going to fire Michael.
  그는 마이클을 해고할 거라는 요지를 분명히 했다.
- Sarah is always making complaints about how people are treating her.
  사라는 사람들이 자신을 대하는 방식에 대해 허구한 날 불평한다.
- I made a suggestion at the staff meeting, and most people thought it wasn't a good idea. 나는 임원 회의에서 제안을 하나 했지만 대부분의 사람들이 좋은 아이디어가 아니라고 생각했다.

## "소리 내다"

말소리, 전화 소리, 소음 등

- Nobody knows what noise a fox makes. 여우가 어떤 소리를 내는지 아무도 모른다.
- The kidnapper made brief calls from telephone booths to avoid being tracked by police. 그 납치범은 경찰의 추적을 피하기 위해 공중전화 부스에서 전화를 걸어왔다.

Kevin : Have you ever made an inquiry to the game company about the bug?

Andy : Yeah, I did. But their technician said the problem was with my Internet connection.

Kevin : It doesn't make sense. Don't you have the same glitch over and over?

Andy : Yes. Maybe I should post about it on a social media instead of making a complaint to the company.

Kevin : That's a good idea. If it goes viral, they might make an apology and fix the bug.

케빈 : 그 버그에 대해서 게임 회사에 문의해 봤어?

앤디 : 응, 해봤어. 그쪽 기술자 말로는 내 인터넷 연결에 문제가 있대.

케빈 : 말도 안 돼. 같은 오류가 반복되고 있잖아?

앤디 : 응, 회사에 불편 신고를 하느니 아무래도 소셜 미디어에 포스팅을 해야 하나봐.

케빈 : 좋은 생각이야. 인터넷에 퍼지면 그 회사가 사과를 하고 버그를 고칠지도 몰라.

Make를 이용해서 다음 문장을 영어로 말해보세요.

**01** 그 과학자들은 그 화산이 10년 안에 분화할 거라고 예측했다.

🔊 The scientists made a prediction that the volcano would erupt within 10 years.

**02** 왜 그 일을 할 수 없는지 변명하려고 하지 마.

🔊 Don't make excuses for not getting it done.

**03** 그는 캐런에게 죽이겠다는 협박을 했다.

🔊 He made a death threat against Karen.

**04** 그 사업가는 백만 달러를 기부하겠다는 관대한 제안을 했다.

🔊 The businessman made a generous offer to donate 1 million dollars.

**NOTE!**

☐ **Make-or-break** 성패를 좌지우지하는, 중요한(형용사) 또는 그런 일(명사)

Ex. This thesis can be a make-or-break for Prof. Johnson.

☐ 4번 문장은 "The businessman generously offered to donate 1 million dollars"로 더 많이 쓴다.

밑줄 친 부분에 들어갈 알맞은 단어를 보기에서 찾아 채우세요.

보기

complaint    apology    excuses    offer    inquiry

1. The customer made a _____ about the packaging.(＊포장에 대해 불만
   을 제기하다.)

2. Stop making _____ for her; she is a grown-up. She should take
   responsibility for her mistakes.

3. A student visited my office to make an _____ about my book.

4. He made a sincere _____ for the noise from his workshop.

5. She finally made an _____ to take over the startup.(＊그 스타트업을 인
   수하겠다는)

# Make 2

- **make** a fire 불을 피우다
- **make** a dress 드레스를 짓다
- **make** breakfast / lunch / dinner
  아침 / 점심 / 저녁을 하다
- **make** coffee 커피를 내리다
- **make** furniture
  가구를 만들다

- **make** a promise 약속하다
- **make** an appointment
  만날 약속을 하다
  - **make** a reservation 예약하다

만들다

약속하다

**Make 2**

돈을 벌다

그 외

- **make** money 돈을 벌다
- **make** a fortune 큰 돈을 벌다
- **make** a living 생계비를 벌다
- **make** a profit 수익을 내다
- **make** ends meet 겨우 먹고살 만큼 벌다

- **make** a difference
  차이를 만들다
- **make** a pass (at)
  수작을 걸다
- **make** amends 보상하다
- **make** believe ~인 척하다
- **make** friends 친구를 사귀다
- **make** fun of ~를 놀리다
- **make** sure 확실히 하다

**Tip!**

- '커피를 내리다'는 'brew coffee'라고도 많이 한다.

- 'make an appointment'는 '만날 약속을 하다'라는 뜻으로 병원 예약이나 미용실 예약을 할 때 이 표현을 쓴다. 'make a reservation'에서 'reserve'에는 '쓰지 않고 따로 떼어놓다'라는 의미가 있어서 테이블이나 방을 따로 떼어 놓는다는 의미의 '예약하다'로 쓰인다.

## "만들다"

물건을 만들거나 음식을 만들다

- I enjoy making coffee in the morning and drinking it while it's hot and tasty.
  나는 아침에 커피를 내려서 뜨겁고 맛있게 마시는 것을 즐긴다.
- He had to chew on some jerky because it was hard to make a fire in the rain.
  비가 와서 불을 피우는 게 힘들어서 그는 육포만 좀 씹어야 했다.

## "약속하다"

하겠다는 약속(promise), 만나자는 약속(appointment), 장소 등을 쓰겠다는 약속(reservation)

- Didn't you and Laura make a promise not to fight in front of your children?
  너와 로라는 애들 앞에서 싸우지 않겠다고 약속하지 않았니?
- I'd like to make a reservation for tonight at 7 pm. 오늘 밤 7시로 예약하고 싶은데요.

## "돈을 벌다"

돈, 재산, 수익을 '만들다'

- Josh made good money from bitcoin mining. 조쉬는 비트코인 채굴로 많은 돈을 벌었다.
- Robert has never had a steady job, but he's always managed to make ends meet. 로버트는 안정된 직업을 가진 적이 없지만, 그는 어떻게 해서든 늘 수입과 지출을 맞추었다.

## 그 외

'만들다'를 넣어보면 얼추 의미가 꿰어 맞춰진다

- His ex-wife's revelation didn't make a big difference to the sales of his book.
  그의 전처의 폭로는 그의 책 판매에 큰 차이를 만들지 못했다.
- Arthur liked to make believe that his father was the captain of a big ship.
  아서는 자기 아버지가 큰 배의 선장인 척하는 걸 좋아했다.

Lisa : How do you make breakfast for 7 children and your husband every morning?

Brenda : Well, it's not just breakfast. I also need to pack lunch bags for all eight of them.

Lisa : I can't just believe how you manage.

Brenda : Hmm… I like to make believe I am a chef in a restaurant. I make weekly meal plans and stick to them.

Lisa : But it's not just cooking you do for your family.

Brenda : I had my children make a promise to take turns doing household chores.

Lisa : What happens if they fail to keep it?

리사 : 아침마다 일곱 아이와 남편을 위해서 밥을 어떻게 해?

브렌다 : 음, 아침뿐만이 아냐. 여덟 명 모두 점심 도시락도 싸야 해.

리사 : 네가 어떻게 감당하는지 모르겠어.

브렌다 : 음, 나는 내가 레스토랑의 셰프인 척하는 걸 좋아해. 주마다 식단을 짜고 그걸 지켜.

리사 : 하지만 가족을 위해서 요리만 하는 게 아니잖아.

브렌다 : 아이들이 번갈아 집안일을 하도록 약속하게 해.

리사 : 애들이 그 약속을 지키지 않으면 어떻게 돼?

# EXERCISE 1

Make를 이용해서 다음 문장을 영어로 말해보세요.

01 그녀의 어머니는 왕가를 위해 옷을 만드는 침모였다.

🔊 Her mother was a seamstress who made dresses for the royal family.

02 골드러시 기간 동안 큰 재산을 일구기를 원하는 수많은 사람들이 클론다이크로 몰려들었다.

🔊 During the Gold Rush, a lot of men who wanted to make a fortune swarmed into Klondike.

03 나는 이미 월요일에 치과 진료를 예약했다.

🔊 I've already made an appointment with my dentist for Monday.

04 한 더러운 늙은이가 그 바에서 내게 수작을 걸어왔다.

🔊 A dirty old man made a pass at me at the bar.

## NOTE!

☐ **Make sure** (that) S + V. S가 분명히 V 하게 하다

☐ **Make-believe** (a.) 한 단어 형용사로도 쓰인다.
   Ex They are just make-believe stories. 그건 다 꾸며낸 이야기야.

밑줄 친 부분에 들어갈 알맞은 단어를 보기에서 찾아 채우세요.

**보기**

reservation    fun    friends    living    amends

1. Don't make _____ of others. They could be a much better people than you.

2. I don't think I've ever tried to make _____ with someone who didn't like me.

3. Few people can make a _____ on YouTube.

4. Please make a _____ at the restaurant in advance or you may not get a table.

5. Please let me make _____ for always keeping my distance from you.

 정답  ❶fun  ❷friends  ❸living  ❹reservation  ❺amends

42

# Make 3

1. 만들다

2. 정리하다

3. 일으키다, 생기게 하다

4. 되다

5. (결정, 추측, 논평 등을) 하다

6. 표현하다

7. 선출하다

8. (돈을) 벌다

# MAKE 3

- **make** a change 변화를 만들다
- **make** a move 떠나다, 시작하다, 조치를 취하다
- **make** headway 나아가다
- **make** a dive 뛰어들다, 급히 가다
- **make** an appearance 등장하다
- **make** love 성행위를 하다

- **make** a fuss 소란을 피우다
- **make** a scene 한바탕 소란을 피우다
- **make** a mess 뒤죽박죽으로 만들다

**행위를 하다**

**소란을 피우다**

**Make 3**

**결정하다**

**그 외**

- **make** a decision 결정하다
- **make** up one's mind 결정하다
- **make** a choice 선택하다

- **make** a face 찌푸리다
- **make** a gesture 몸짓을 하다
- **make** a habit 습관으로 삼다
- **make** peace 화해하다
- **make** sense 말이 되다

**Tip!**

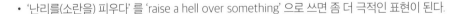

- '난리를(소란을) 피우다' 를 'raise a hell over something' 으로 쓰면 좀 더 극적인 표현이 된다.

직접 몸을 움직여 하거나 조치를 취한다는 의미의 행위를 하다

- DHL has made changes to its core delivery systems. DHL은 그 핵심 배달 시스템을 수정했다.
- We haven't made any headway with this project. 우리는 이 프로젝트에서 전혀 진척이 없다.
- Lisa made a dive for the fridge to quench her thirst. 리사는 갈증을 달래기 위해 냉장고로 돌진했다.

"소란을 피우다"

시끄럽게 굴거나, 구경거리를 만들거나, 난장판으로 만들다

- When Rose was not admitted into the club, she made a big scene and argued with the manager. 클럽 입장을 거절당하자 로즈는 소동을 피우며 매니저와 입씨름을 했다.
- The kids made a mess in the playroom, but I made sure they put away all their toys. 아이들이 놀이방을 엉망진창으로 어질렀지만 나는 아이들이 장난감을 반드시 치우도록 했다.

"결정하다"

결정을 내리거나, 마음을 먹거나, 선택을 하다

- Eva made up her mind to change her diet. 에바는 식단을 바꾸기로 마음먹었다.
- The subjects were asked to make a choice between saving the return in their account or donating it to charities. 피험자들은 투자 수익을 자신의 계좌에 저축하거나 자선단체에 기부하기 중 하나를 선택하라는 요청을 받았다.

그 외

'만들다'를 넣어보면 얼추 의미가 꿰어 맞춰진다

- George gradually made a habit of stopping by Ann's office before he left for the day. 조지는 퇴근 전에 앤의 사무실에 들르는 것을 습관으로 삼았다.
- Helen finally made peace with her mother at her mother's deathbed. 헬렌은 어머니가 임종할 때 마침내 어머니와 화해했다.

Sadie : An old man made a big scene at my checkout counter yesterday.

Jessi : Oh, my! That sounds tough! What was his issue?

Sadie : He complained that the price of his favorite chips had gone up. I don't know what he thought I could do about it.

Jessi : Oh, that doesn't make sense at all. Was he drunk?

Sadie : Yeah, I could smell alcohol on him. I wanted to call the police right away, but I had to report it to my manager first.

Jessi : That seems like an inefficient procedure! They should make some changes to those formalities.

Sadie : I agree, but they're the ones who make the decisions.

---

세이디 : 어제 한 노인이 내 계산대에서 소동을 부렸어.

제시 : 오, 저런! 힘들었겠다. 문제가 뭐였는데?

세이디 : 자기가 가장 좋아하는 과자 가격이 올랐다고 불평하더라고. 내가 그거에 대해 뭘 할 수 있다고 생각하는지 모르겠어.

제시 : 아, 말도 안 돼. 그 사람 술에 취해 있었어?

세이디 : 응, 술 냄새가 나더라. 당장 경찰을 부르고 싶었는데 매니저에게 먼저 보고를 해야 했어.

제시 : 비효율적인 절차인 것 같은데! 그런 형식적인 절차는 바뀌야지.

세이디 : 내 말이. 하지만 결정을 내리는 건 매니저라서.

Make를 이용해서 다음 문장을 영어로 말해보세요.

01 해리는 대타로 회의에 뒤늦게 등장했다.

🔊 Harry made a late appearance at the meeting as a substitute.

02 헨리는 보안관으로서 그 갱들을 내쫓기 위한 최종 조치를 취했다.

🔊 As a sheriff, Henry made the final move to drive out the gangs.

03 그 래퍼는 파파라치들에게 무례한 손짓을 했다.

🔊 The rapper made a rude gesture to the paparazzi.

04 시간이 걸리고 비용이 많이 드는 장기 연구에 투자하는 게 말이 되는 걸까?

🔊 Does it make sense to invest in costly and time-consuming long-term research?

**NOTE!**

☐ Make an effort 노력하다
>  I made an effort to persuade city officials to build a park downtown. 나는 도심에 공원을 세우자고 시 관료들을 설득하느라 노력했다.

☐ paparazzi는 복수형, 단수형은 paparazzo이다.

밑줄 친 부분에 들어갈 알맞은 단어를 보기에서 찾아 채우세요.

보기

headway   mess   habit   faces   choice

1. Please make a _____ of saving some of your spare income.

2. Billy used to make _____ at Sarah in class.

3. We've finally made _____ in the negotiation with the union.

4. When you make a _____ in the kitchen, please clean it up.

5. It is a leader's responsibility to make the final _____.

  정답   ❶habit  ❷faces  ❸headway  ❹mess  ❺choice

48

### 집안일을 하다

- **do** chores / housework 집안일을 하다
- **do** the cleaning 청소를 하다
- **do** the dishes 설거지를 하다
- **do** the dusting 먼지를 털다
- **do** laundry / the washing 빨래를 하다
- **do** the ironing 다림질을 하다
- **Do** the vacuuming 진공청소기를 돌리다
- **Do** the shopping 쇼핑을 하다

### 일 / 업무를 하다

- **do** work 일하다
- **do** a (good / great / terrible) job 일을 (잘 / 아주 잘 / 아주 못) 하다
- **do** homework 숙제하다
- **do** business 일하다 / 볼일을 보다
- **do** a report 보고서를 쓰다 (구어체)

### 자기를 돌보는 활동

- **do** exercise (yoga, taekwondo, ballet, aerobics, archery) 운동(요가, 태권도, 발레, 에어로빅, 활 쏘기) 하다.
- **do** one's nails / hair / makeup 손톱하다 / 머리하다 / 화장하다

### 해나 득을 끼치다

- **do** good 이롭게 하다
- **do** harm 해를 끼치다
- **do** damage 손해를 끼치다
- **do** wrong 그릇된 일을 하다
- **do** evil 악을 행하다
- **do** justice 공정하게 대하다 / 제대로 다루다

**Do 1**

**Tip!**

- 'do justice to'는 '사진이 잘 나오다 / 나오지 않다'를 표현할 때 많이 쓰인다. 'This photo didn't do justice to you', 즉 '이 사진이 너에게 정의를 행하지 않았다'는 말은 '네 사진이 잘 나오지 않았다'라는 의미다.

## "집안일을 하다"

여러 가지 집안일을 하다

- Steve mowed lawns and did chores around the house for an allowance. 스티브는 용돈을 받으려고 잔디를 깎고 여러 가지 집안일을 했다.
- Zoomers are doing grocery shopping for Boomers during the pandemic. Z세대들은 팬데믹 기간 동안 부머 세대를 위해 식료품 쇼핑을 해주고 있다.

  **Cf** Zoomers: Z세대 일원 | Boomer: 2차 세계대전 이후 베이비붐 세대에 태어난 사람(1949~1964년 출생자)

## "일 / 업무를 하다"

공식적인 업무 / 캐주얼한 일을 하다

- The Korean government did a great job in controlling COVID-19. 한국 정부는 코로나 바이러스 통제를 아주 잘했다.
- It's not easy to do business with indigenous communities in South America. 남미 원주민 공동체와 거래하는 일은 쉽지 않다.

## "자기를 돌보는 활동을 하다"

운동을 하거나 관리를 하다

- My doctor suggested that I meditate or do yoga. 내 주치의는 내게 명상이나 요가를 하라고 제안했다.
- Carol is too busy doing her makeup to answer her phone, I guess. 캐롤이 메이크업을 하느라 너무 바빠서 전화를 받지 못하는 것 같아.

## "해나 득을 끼치다"

'do someone good' 또는 'do good to someone'의 문형으로 쓴다

- Don't be afraid. I'll do you no harm. 두려워 말아요. 당신에게 아무런 해도 끼치지 않을게요.
- The live-action movie adaptation didn't do justice to its webtoon original. 실사 영화는 웹툰 원작을 제대로 살리지 못했다.

Robin : Is the new guy doing well on your team?

Eve : You mean Jeremy Hopkins? Well, he's doing a great job. He's quick to pick things up and does well with people. What makes you ask?

Robin : You know my team has a new hire, too. She's doing a good job as well, but⋯

Eve : Are there any issues with her doing her tasks?

Robin : It's just⋯ she uses emojis a lot in the team chat room. It's a bit much for me. Am I just being a boomer about this?

Eve : Probably. Emojis never did harm, right? It's about us doing the adjusting to the younger generation, not the other way around.

로빈 : 그쪽 팀 신입 직원은 일 잘해요?

이브 : 제레미 홉킨스 말씀이세요? 음, 아주 잘하고 있어요. 빠르게 잘 배우고 사람들과도 잘 지내요. 왜 물어보시죠?

로빈 : 우리 팀에도 신입이 있잖아요. 이 신입두 일은 잘해요. 그런데...

이브 : 그 신입이 일처리에 문제가 있나요?

로빈 : 단지, 팀 채팅방에 이모티콘을 많이 써요. 나에게는 좀 과하게 느껴지더라고요. 내가 이 일에 대해서 꼰대같이 구는 건가요?

이브 : 그럴지도요. 이모티콘이 무슨 해가 되는 것도 아니고요. 우리가 젊은 세대에 적응해야지 어린 세대가 우리에게 적응해야 하는 건 아닐 거예요.

Do를 이용해서 다음 문장을 영어로 말해보세요.

**01** 부모님과 함께 사는 데는 엄마가 (네) 빨래를 해주는 것 같은 몇 가지 장점이 있다.

🔊 Living with your parents has a few perks including your mom doing your laundry.

**02** 나는 파트 타임 일을 하러 가기 전 한 시간 정도 숙제할 시간이 있다.

🔊 I've got an hour to do my homework before I go to my part-time job.

**03** 조던은 최근 태권도를 하는 자신의 비디오 영상 하나를 틱톡에 올렸다.

🔊 Jordon recently uploaded a video of himself doing taekwondo on TikTok.

**04** 소셜 미디어를 잠깐 끊는 게 마이크에게 도움이 되었다.

🔊 A social media break did Mike good.

**NOTE!**

- ☐ 'do good to someone'은 'do someone good'으로, 'do harm to someone'은 'do someone harm' 으로도 쓸 수 있다. 간결할수록 좋은 문장이다.

- ☐ **the other way around** A가 B 방향으로 움직이고, 반대로 B가 A 방향으로도 움직일 때 그게 바로 the other way around다. 지문에서는 '우리가 젊은 세대에 적응하다'가 한 방향, 반대로 '젊은 세대가 우리를 이해하다'가 반대 방향을 의미한다.

밑줄 친 부분에 들어갈 알맞은 단어를 보기에서 찾아 채우세요.

보기

business　　makeup　　justice　　chores　　damage

1. The rumors did a great deal of _____ to her reputation.

2. Trump's business group did _____ with an Iranian bank later linked to terror.

3. Your profile photo doesn't do you _____.

4. Sue did my _____, and Heather did my hair for the party.

5. Last Sunday, I did some _____ around the house and watched Netflix.

정답　❶damage　❷business　❸justice　❹makeup　❺chores

# Do 2

## STEP 1 · DO 2

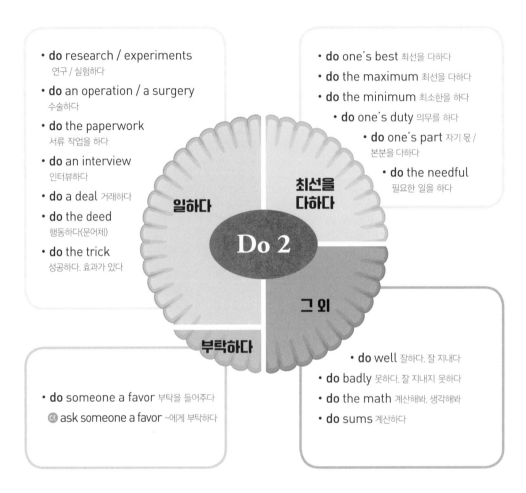

- **do** research / experiments
  연구 / 실험하다
- **do** an operation / a surgery
  수술하다
- **do** the paperwork
  서류 작업을 하다
- **do** an interview
  인터뷰하다
- **do** a deal 거래하다
- **do** the deed
  행동하다(문어체)
- **do** the trick
  성공하다, 효과가 있다

**일하다**

- **do** one's best 최선을 다하다
- **do** the maximum 최선을 다하다
- **do** the minimum 최소한을 하다
  - **do** one's duty 의무를 하다
    - **do** one's part 자기 몫 /
      본분을 다하다
      - **do** the needful
        필요한 일을 하다

**최선을 다하다**

**Do 2**

**그 외**

- **do** well 잘하다, 잘 지내다
- **do** badly 못하다, 잘 지내지 못하다
- **do** the math 계산해봐, 생각해봐
- **do** sums 계산하다

**부탁하다**

- **do** someone a favor 부탁을 들어주다
- **cf** ask someone a favor ~에게 부탁하다

**Tip!**

- research는 셀 수 없는 명사다.

공부나 연구 혹은 회사 일을 하다

- I am a US citizen. I did all the paperwork for my wife, but they denied her a visa.
  나는 미국 시민이고 내 아내를 위해 서류 작업을 다 했지만 그들은 그녀에게 비자를 내주지 않았다.
- Economic sanctions against Russia are unlikely to do the trick. 러시아에 대한 경제 제재
  는 효과가 없을 것 같다.

"최선을 다하다"

do one's best, do the maximum 등을 사용한다

- The actor hopes he did his part to help change the culture in Hollywood.
  그 배우는 할리우드의 문화를 바꾸는 데 자신이 역할을 했기를 바라고 있다.
- I'll just do the best I can, and I am happy with that. 나는 할 수 있는 한 최선을 다 할 거고 그
  에 만족한다.

"부탁을 들어주다"

do someone a favor, do a favor for someone의 꼴로 쓴다

- Why don't you guys do someone a favor for once in your boring lives?
  그 지루한 삶에서 누군가의 부탁을 한 번쯤 들어주는 게 어때?
- When you ask someone a favor, the empathy instinct of a person gets activated.
  누군가에게 부탁하면 그 사람의 공감 본능이 활성화된다.

그 외

- I have great faith in you. I know you'll do well. 나는 너를 정말로 믿어. 네가 잘할 거라는 걸 알거든.
- Let's do the math. If I was black, I would've sold half.(Eminem) 생각해 봅시다. 내가 흑인이
  었으면, (앨범이) 반만 팔렸을 걸. (에미넴)

Pete : I did the math, but I'm afraid the rent in San Francisco is way too high for me.

Chelsea : You got a job there. Don't you need a place to live?

Pete : I'm considering living in a van for a few years.

Chelsea : Oh, like being unhoused?

Pete : These days, they are converting vans into comfortable living spaces. There's a big community of van lifers on YouTube. It's a great way to save on rent.

Chelsea : But can you cook or shower in a van?

Pete : A lot of van lifers have cooking equipment, some even with full-size ovens and fridges. And with a membership at a nationwide gym chain, you can easily shower there.

Chelsea : So, a converted van might really do the trick for you.

피트 : 내가 생각해 봤는데, 샌프란시스코의 임대료는 내게는 너무 비싼 것 같아.

첼시 : 넌 거기 취업했잖아. 살 데가 필요하지 않아?

피트 : 몇 년 동안 밴에서 살까 생각 중이야.

첼시 : 어머, 집 없는 사람처럼?

피트 : 요새는 사람들이 밴을 편한 주거 공간으로 개조하고 있어. 그리고 유튜브를 보면 밴 생활하는 사람들 커뮤니티도 꽤 커. 임대료를 절약할 수 있는 좋은 방법이야.

첼시 : 하지만 밴 안에서 요리를 하거나 샤워를 할 수 있어?

피트 : 많은 밴 생활자들이 요리 도구가 있어. 심지어 풀 사이즈 오븐과 냉장고가 있는 사람들도 있는 걸. 그리고 전국 피트니스 클럽 회원권이 있으면 거기서 쉽게 샤워를 할 수 있어.

첼시 : 그러면 개조된 밴도 너한테는 좋겠네.

Do를 이용해서 다음 문장을 영어로 말해보세요.

**01** 닥터 스미스는 에드의 신장에서 결석을 제거하기 위해 수술을 했다.

🗣 Dr. Smith did a surgery to remove stones from Ed's kidney.

**02** 그 대통령은 교육부에 필요한 일들을 하라고 명령했다.

🗣 The President ordered the Ministry of Education to do the needful.

**03** 헬렌은 톰이 자신에게 큰 호의를 베풀었다고 말했다.

🗣 Helen said Tom had done her a big favor.

**04** 나는 수학 시험을 엉망으로 봤다.

🗣 I did badly on my math exam.

**NOTE!**

☐ 'do surgery'보다 'perform surgery'를 더 많이 사용한다.

☐ 'do the needful'은 수사적인 표현이다. 'The President ordered the Ministry of Education to take the necessary actions'가 더 자연스럽고 많이 쓰인다.

밑줄 친 부분에 들어갈 알맞은 단어를 보기에서 찾아 채우세요.

보기

research    deal    favor    best    sums

1. The skater did her _____ to win the race.

2. I did some _____ on the chemicals found in the drink.

3. I wanted to help Bella, but she asked for me an impossible _____.

4. Calculators were forbidden until students could do _____ in their heads.

5. He said he would do a _____ with the devil if he could find out who had killed his daughter.

정답 ❶best ❷research ❸favor ❹sums ❺deal

Unit 9.

# Save

- **save** lives 생명을 구하다
- **save** souls 영혼을 / 사람을 구하다
- **save** the Earth 지구를 구하다
- **save** the environment 환경을 구하다
- **save** one's ass (butt) 누군가를 도와주다(구어체 표현)
- **save** one's neck 누군가가 잘리지 않게 도와주다
- **save** one's skin (bacon) 다치지 않고 무사히 넘어가게 도와주다

- **save** energy 에너지를 절약하다
- **save** electricity 전기를 절약하다
- **save** time 시간을 절약하다
  - **save** effort 노력을 / 수고를 절약하다
  - **save** one's strength 힘을 아껴두다

**구하다**

**아끼다, 절약하다**

**Save**

**면하다, 덜어주다**

**쓰지 않고 두다**

- **save** a penalty (축구) 페널티 킥을 막아내다
- **save** someone the trouble 누군가에게서 수고를 덜어주다
- **save** face 체면을 지키다

- **save** money 저축하다
- **save** space 공간을 남겨두다
- **save** a seat 자리를 남겨(맡아)두다
- **save** the date 그날은 비워두세요
- **save** your tears 울지 마(=save your crying for later.)

**Tip!**

- 'save face'는 동양 문화의 특징으로 많이 거론된다.(반대말=lose face)

## "구하다"

생명을, 환경을, 지구 등을 구하다

- Lockdown was not only a matter of saving lives, but also mitigating the workload of overcrowded hospitals. 록다운은 생명을 구하는 일일 뿐만 아니라 과도하게 붐비는 병원의 업무를 덜어주는 일이기도 하다.
- My friend Toad saved my skin when I was threatened with a knife. 내 친구 토드는 내가 칼로 위협을 받을 때 내가 다치지 않도록 구해주었다.

## "아끼다, 절약하다"

에너지, 노력, 수고 등을 절약하다

- These kitchen gadgets will save your time and effort. 이 주방 기기들은 당신의 시간과 수고를 덜어줄 것이다.
- Save your strength for things you can change. 당신이 바꿀 수 있는 일들을 위해 힘을 아껴두어라.

## "면하다, 덜어주다"

골을 먹지 않게 해주다, 문제에 휘말리지 않게 해주다

- Fortunately, the goalkeeper saved a penalty from Lionel Messi. 다행히 그 골키퍼는 리오넬 메시가 찬 페널티 킥을 막아냈다.
- Their meal kits saved me a lot of troubles during the lockdown. 그들의 밀키트는 록다운 동안 내게 많은 수고를 덜어주었다.

## "쓰지 않고 (아껴) 두다 / 남겨두다"

저축하다, 자리 등을 맡아두다, 공간을 남겨두다

- My friend came earlier and saved a seat for me at the concert. 그 콘서트에 내 친구가 일찍 가서 내 자리를 맡아 주었다.
- Please save the date for the wedding of Matt and Katie! 매트와 케이트의 결혼식을 위해 이 날은 비워두세요.

Allison : Is your school using an LMS(Learning Management System)?

Marge : Don't get me started. We have two LMSs, one is the school's and the other one is offered by a publisher. Plus, there is an electronic attendance system and a separate comprehensive management system.

Allison : Aren't they supposed to save teachers time and effort?

Marge : The thing is, most universities have added one system after another with new technology over the years. But instead of creating one integrated system, my school has me navigating between four different sites! It's a huge hassle!

Allison : Hey, calm down. Save your strength for now. You should bring this up with the teachers' union so they can address it.

앨리슨 : 너희 학교는 LMS 쓰고 있어?

마지 : 으, 말도 마. LMS가 두 개야. 하나는 학교 거, 다른 하나는 출판사가 제공하는 거. 게다가 전자 출석 시스템도 있고, 종합 관리 시스템도 별도로 있어.

앨리슨 : 그 사이트들은 교사의 시간과 노력을 덜어줘야 하는 거 아냐?

마지 : 실은, 대부분의 대학들이 여러 해에 걸쳐서 새로운 기술이 나오면 하나씩 차례로 덧붙여 버렸어. 통합된 하나의 시스템을 만드는 대신에 우리 학교는 네 개의 다른 사이트를 왔다 갔다 하게 만든 거지. 정말 너무 귀찮아!

앨리슨 : 어, 진정해. 지금은 힘을 아껴. 이 문제를 교사 노조에 가져가야 해. 거기서 처리하게.

Save를 이용해서 다음 문장을 영어로 말해보세요.

**01**

널 도와주는 건 (곤경에서 구해주는 건) 이번이 마지막이야.

🔊 This is the last time I save your ass.

**02**

이 기사에는 집에서 에너지를 절약하는 데 도움이 되는 10가지 간단한 조언이 담겨 있어.

🔊 This article offers 10 simple tips to help you save energy at home.

**03**

세탁기는 주부의 시간과 노력을 가장 획기적으로 덜어준 가전제품 중 하나다.

🔊 A washing machine was one of the home appliances that most dramatically saved full-time wives a lot of time and effort.

**04**

먼저 여유 수입을 저축해서 종잣돈을 만들어라.

🔊 First, save your spare income to make seed capital.

**NOTE!**

☐ "It's a beautiful day to save lives." (생명을 구하기에 좋은 날이야.)

미드 〈그레이 아나토미〉에서 의사 Derek이 자주 하던 말.

# EXERCISE 2

밑줄 친 부분에 들어갈 알맞은 단어를 보기에서 찾아 채우세요.

보기

trouble   electricity   environment   space   face

1. Saving _____ (Not losing _____ ) affects decisions and daily life in Asia.

2. Keeping a spare pacifier in the car can save you some _____ when you travel with your baby.(*pacifier＝공갈젖꼭지)

3. LED lights help save _____.

4. I couldn't save enough _____ to load two bicycles.

5. Tighter regulations on carbon dioxide emissions will help save the _____.

정답   ❶face, face   ❷trouble   ❸electricity   ❹space   ❺environment

# Have 1

# HAVE 1

## 관계

- **have** kids 아이가 있다
- **have** a husband / a wife 남편이 / 아내가 있다
- **have** a brother / a sister 남자 형제 / 여자 형제가 있다
- **have** a family 가족이 있다

## 아프다

- **have** a headache / a stomachache 두통이 / 복통이 있다
- **have** a fever 열이 나다
- **have** an allergy 알레르기가 있다
- **have** a cold / the flu 감기 / 독감에 걸려(있)다
- **have** a runny / a bloody / a stuffy nose 콧물이 / 코피가 나다 / 코가 막힌다
- **have** a black eye 눈에 멍이 들다
- **have** a sour throat 목이 아프다

**Have 1**

## 행사, 약속이 있다

- **have** a party / a barbecue 파티를 / 바비큐 모임을 열다
- **have** an interview 면접이 있다
- **have** an appointment / plans / a prior (previous) engagement (commitment) 약속이 있다. 선약이 있다

## ~한 속성이 있다

- **have** (blue) eyes / (blonde) hair 눈이 파랗다 / 머리가 금발이다
- **have** a (strong) character 강단이 있다
- **have** an attitude 한 성깔 한다

Tip!

- 일부일처제 사회에서는 husband와 wife 앞에 a를 거의 붙이지 않는다. 한 사람이 쭉 남편이거나 아내인 경우에는 a를 붙이지 않는다. 관사 없이 그냥 쓰는 게 아니라 'my husband', 'my wife'와 같이 일컫는다.

- 'have plans'는 친구들 사이에 선약이 있다고 할 때 쓰는 표현으로, 반드시 복수형으로 쓴다.

- 'have a black eye'는 눈가에 멍이 든 것을 말하고, 'have black eyes'는 미국 도시괴담에 나오는 형체가 구별되지 않을 만큼 눈동자가 까만 아이들의 눈을 말한다. 아시아인의 눈은 brown eyes이다. 검은 눈이라고 하지 않는다.

가족, 친구, 연인이 있다

- I have a mom, a dad, and a sister.(In my family, there's my mom, my dad, my sister and me.) 우리 가족은 엄마, 아빠, 언니 그리고 저예요.
- Sorry, but I have a boyfriend. 죄송한데, 저는 남자 친구가 있어요.


**"아프다"**

병(-ache)이 있다 혹은 '형용사 (아픈) + 신체 부위'가 있다

- I have a serious case of the flu. 나는 독감에 심하게 걸렸다.
- He has a bloodshot eye on one side. 그는 한쪽 눈만 충혈되어 있다.


**"행사 혹은 약속이 있다"**

파티를 하다, 약속이나 예약이 이미 잡혀 있다

- Are you going to have a party or family gathering? 파티나 가족 모임을 하실 건가요?
- I have plans for tonight. Can we reschedule? 오늘 밤에 나는 선약이 있어. 날짜를 다시 잡을 수 있을까?


**"~한 속성이 있다"**

신체적 속성, 정신적 속성 모두 포함한 표현이다

- The so-called Aryan race, an imaginary race created by the Nazis, was believed to have blue eyes and blonde hair. 나치가 만든 가상의 인종인 일명 아리안인은 푸른 눈에 금발이라고 사람들은 생각했다.
- I can see this young lady has an attitude. 이 어린 소녀가 한 성질 하는 건 알겠군요.

  cf 어린 여자아이를 흔히 'this little lady'라고 표현한다.

Brad : I want to have a family with you.

Jean : Oh, where is this coming from? Haven't we discussed this before?

Brad : Yes, we have, but my cousin recently had a baby. She looks so happy and seems to have settled down.

Jean : You know, it's just that she 'appears' happy. The responsibilities of raising a child can be more overwhelming than you think. Plus, I've been dealing with this back pain for years-I simply can't handle it with my conditions.

Brad : Alright, I get it. I'll take back what I said. It's just⋯ sometimes I imagine us having a daughter. She'd have beautiful green eyes and brunette hair, just like you.

Jean : And if she takes after me, she'll have a strong character, too. Isn't one of me enough for you?

브래드 : 당신이랑 가족을 만들고 싶어.

진 : 아니, 갑자기 무슨 소리야? 이 얘기는 예전에 하지 않았어?

브래드 : 응, 했지. 그런데 내 사촌이 최근에 아기를 낳았잖아. 너무 행복하고 안정돼 보이더라고.

진 : 있잖아, 당신 사촌은 그냥 행복해 '보이는' 거지. 아이를 키우는 책임은 당신이 생각하는 것 이상으로 클 수 있어. 게다가 내가 여러 해 허리가 아파서 고생하고 있잖아. 내 상태로는 감당하지 못해.

브래드 : 알았어. 내가 한 말 취소할게. 다만, 나는 때때로 우리가 딸을 갖는 상상을 해. 그러면 꼭 당신 같이 녹색 눈에 갈색 머리카락을 가지고 있겠지.

진 : 날 닮는다면 성격도 한 성격 하겠지. 나 같은 사람은 하나로 충분하지 않아?

Have를 이용해서 다음 문장을 영어로 말해보세요.

**01**

나는 오이 알레르기가 있어.

🗣 I have an allergy to cucumbers.

**02**

아랍 국가에서 몇몇 남성은 최대 네 명의 아내를 둘 수 있어.

🗣 In Arabic countries, some men can have up to 4 wives.

**03**

내 아들은 그날 밤 39.8도의 고열이 났다.

🗣 My son had a high fever of 39.8 degrees Celsius that night.

**04**

폴이 또 파티를 연다고? 이번에는 무슨 파티인데?

🗣 Paul's having a party again? What's the occasion this time?

**NOTE!** ✦✦

☐ '알레르기가 있다'는 표현은 'be allergic to something'의 꼴로도 표현할 수 있다.

☐ occasion은 어떤 행사 등을 여는 이유나 행사 '거리' 정도의 뜻이다. 영미권에 가면 카드를 occasion별로 판다. 여기서 occasion이란 생일이나 졸업, 은퇴 등을 말한다.

밑줄 친 부분에 들어갈 알맞은 단어를 보기에서 찾아 채우세요.

보기

allergy    engagement    character    baby    black

1. My colleague teacher had a _____ last weekend. I have to sub for her.(*대신 수업을 해야 해.)

2. This is where fools rush in and angels suddenly remember they have a prior _____.(*바보들이 몰려오니 천사들이 갑자기 선약이 있다는 걸 기억하는 곳. 질이 좋지 않은 사람들이 와서 물이 흐려진다는 뜻이다.)

3. This kid is special! He has such as strong _____ for someone so young.

4. Her face was bruised. She had a _____ eye.

5. It turned out that he had a(n) _____ to nuts.

정답  ❶ baby  ❷ engagement  ❸ character  ❹ black  ❺ allergy

# HAVE 2

### 먹다, 마시다

- **have** breakfast / lunch / dinner
  아침 / 점심 / 저녁을 먹다
- **have** a snack / a drink / a meal
  간식을 먹다 / 음료를 마시다 / 식사를 하다
- **have** (a) coffee / tea / bear
  커피 / 차 / 맥주를 마시다
- **have** a bite 한 입 먹다

### 영향이 있다

- **have** an advantage 이점이 있다
- **have** an influence / an effect (on)
  영향을 끼치다
- **have** control / power (over)
  통제하다, 지배하다
- **have** a right 권리가 있다
- **have** consequence
  결과가 있다
- **have** significance
  중요하다

## Have 2

### 경험이 있다
### 경험을 하다

- **have** experience
  경험이 있다
- **have** a good time /
  some quality time
  즐거운 시간을 보내다
- **have** fun / a blast
  즐겁게 보내다
- **have** difficulty / a hard time /
  trouble 어려움을 겪다
- **have** a problem / an issue
  문제가 있다

### 뜻이 있다

- **have** an intention 의도가 있다
- **have** an expectation 기대가 있다
- **have** an implication 숨겨진 의미가 있다
- **have** no reservations 주저함이 없다

**Tip!**

- coffee나 tea는 셀 수 없는 명사라서 한 잔을 마신다고 할 때는 'have a cup of coffee'라고 하는 게 맞다. 하지만 주문을 할 때는 마치 셀 수 있는 것처럼 a coffee 또는 three coffees라고 말하기도 한다.

- have difficulty는 일시적이고 사소한 어려움을 의미한다. have a hard time이 가장 구어적인 표현이다.

- have no reservations는 어떠한 의심이나 머뭇거림이 없다는 의미로, 반드시 복수형으로 쓴다. 관용어 표현에 가까우므로 통으로 외워두는 것이 좋다.

## "먹다, 마시다"

식사나 음료 등을 먹다, 마시다

- I had a good breakfast, so it's OK to have a late lunch. 나는 아침을 충분히 먹어서 점심은 늦게 먹어도 괜찮아요.
- My grandmother always encourages me to have a bite to eat. 할머니는 늘 내게 무언가를 좀 먹으라고 권하신다.

## "영향이 있다"

이점, 영향력, 지배력, 권력 등이 있다

- As the chairman's son, Michael had an advantage over the rest of us.
  이사장의 아들로 마이클은 우리보다 이점을 가지고 있었다.
- The mother had total control over her son even though he was over 30.
  그 어머니는 아들이 서른이 넘었음에도 아들을 온전히 통제하고 있었다.

## "경험이 있다 / 경험을 하다"

경험을 하고, 시간을 보내고, 어려움을 겪다

- The Jamaican girl had a hard time adapting to the winter weather in Toronto.
  그 자메이카 소녀는 토론토의 겨울 날씨에 적응하느라 어려움을 겪었다.
- It is important to have some quality time with your family.
  가족과 오붓한 시간을 보내는 것은 중요하다.

## "뜻이 있다"

의도, 기대, 주저함 등이 있다

- Sorry, but we had no intention of offending you.
  죄송합니다. 당신에게 기분 나쁜 말을 하려는 의도는 아니었어요.
- I have no reservations about recommending Mr. Hillis to your institute.
  귀하의 연구소에 힐리스 씨를 추천하는 데 있어 전혀 주저함이 없습니다.(기꺼이 추천합니다.)

Rachel : So, how was your weekend?

Monica : Very good. I had some quality time with my kids.

Rachel : Good for you. You guys deserve it. What did you do with them?

Monica : We went to Lake Martin. The Kids swam while I was reading by the lake. At night, we toasted marshmallows and had some over a campfire.

Rachel : Hmm, sounds like you really had a blast.

Monica : Well, everything was perfect until…

Rachel : Until?

Monica : Until my boss called me to ask about some figures in the Jameson Report.

레이첼 : 음, 주말은 어떻게 보냈어?

모니카 : 좋았어. 아이들이랑 참 좋은 시간을 보냈어.

레이첼 : 잘됐다. 너희 가족은 그럴 만도 해. 아이들이랑 뭐했어?

모니카 : 마틴 호에 갔어. 아이들을 수영하고 나는 그동안 호숫가에서 책을 읽었어. 밤에는 캠프파이어를 하고 마시멜로를 구워 먹었어.

레이첼 : 와, 정말 즐겁게 보낸 것 같은데!

모니카 : 다 좋았지. 그런데 그러다가...

레이첼 : 그러다가?

모니카 : 우리 상사가 전화해서 제머슨 보고서에 있는 수치에 대해서 묻지 뭐야.

Have를 이용해서 다음 문장을 영어로 말해보세요.

**01** 사라는 남자 친구의 가족들과 근사한 추수감사절 저녁을 먹었다.

🗣 Sarah had a great Thanksgiving dinner with her boyfriend's family.

**02** 기후 변화는 인간의 몸에 직접적인 영향을 끼친다.

🗣 Climate change has a direct effect on the human body.

**03** 앤은 그 매뉴얼을 이해하는 데 어려움을 겪었다.

🗣 Anne had difficulty understanding the manual.

**04** 감사(inspection)라는 말에는 맥락에 따라 부정적인 함의가 있을 수 있다.

🗣 The word 'inspection' can have a negative implication in some contexts.

**NOTE!**

☐ have an effect on ~에 영향을 끼치다

밑줄 친 부분에 들어갈 알맞은 단어를 보기에서 찾아 채우세요.

**보기**

expectations    issues    right    significance    snacks

1. Mining natural gas in our territorial waters has enormous _____ for the nation's future development.(*우리 영해에서 천연가스를 채굴하는 것은 우리 나라의 미래 발전에 엄청난 의미가 있다.)

2. My parents have very high _____ of me.

3. The PWD(Person with a Disability) have the _____ of mobility.

4. Who should I contact when I have _____ with my ID card?

5. Teenagers enjoy having _____ at convenience stores.

정답   ❶ significance   ❷ expectations   ❸ right   ❹ issues   ❺ snacks

# Catch

❶ 잡다, 받다

❷ 발견하다, 체포하다

❸ (잡아서) 타다

❹ 걸리다, 끼이다

❺ 불이 붙다

❻ 이해하다

- **catch** a ball 공을 잡다
- **catch** (a) fish 물고기를 잡다
- **catch** someone's arm / hand
  팔 / 손을 잡다
- **catch** a thief 도둑을 잡다
- **catch** fire 불이 붙다

- **catch** a glimpse (of) 얼핏 보다
- **catch** sight of 언뜻 보다
- **catch** someone's eye 눈길을 끌다.
  눈을 사로잡다
- **catch** one's attention
  주의를 끌다
- **catch** the news or
  a TV show 뉴스나 TV 프로
  를 보다(봤는지 확인할 때)

물리적으로 무언가를 잡다

보이지 않는 것을 잡다

**Catch**

공기 중의 무언가를 잡다

타다

- **catch** one's breath
  숨을 돌리다
- **catch** a cold (a chill) 감기에 걸리다
- **catch** a whiff 얼핏 냄새를 맡다

- **catch** a bus / taxi / train /
  ferry / flight
  버스, 택시, 기차, 여객선, 비행기를 타다

  **Cf.** 시간에 맞춰 급하게 타다는 의미가 있다.
  bus와 train이 system of transportaion의 의미
  일 때는 앞에 the를 쓴다.

 **Tip!**

- catch a taxi는 구체적으로 택시를 어떻게 잡는지(지나가던 택시를 손을 흔들어 잡든, 전화로 부르든, 어플을 통해 예약하든) 상관없이 어딘가로 가는 수단으로 택시를 확보한다는 뜻이다.
- get a taxi도 택시를 잡는다는 뜻이지만 catch a taxi는 좀 더 넓은 맥락에서 쓰인다.
- hail a taxi는 구체적으로 도로에서 손을 흔들어 택시를 잡는 행위를 일컫는다.

## "잡다"

물리적으로 무언가를 잡다

- Which metal easily catches fire at room temperature? 어떤 금속이 상온에서 쉽게 불이 붙는가?
- Grizzly bears catch salmon with their powerful claws or their jaws when salmon migrate upstream. 회색 곰은 연어들이 상류로 거슬러 올라올 때 강력한 발톱과 턱으로 연어를 잡는다.

## "잡다"

눈에 보이지 않는 것을 잡다

- Who caught your eye in BTS? BTS에서 누가 당신 눈에 띄었나요?
- Did you catch Jennifer Lawrence on the Tonight Show with Jimmy Fallon?
  제니퍼 로렌스가 지미 팰론의 〈투나잇 쇼〉에 나온 거 봤어?

## "잡다, 걸리다"

공기 중의 무언가를 잡다, 걸리다

- At the sight of Laura , Eric caught his breath and gulped. 로라를 보더니 에릭은 숨을 멈추고 침을 꼴깍 삼켰다.
- I think I caught your cold. 나 너한테 감기 옮은 것 같아.

## "타다"

대중교통 수단을 '잡아서' 타다

- I'm lost. Maybe I'd better catch a taxi here. 길을 잃었어. 여기서 택시를 잡아타는 게 낫겠어.
- I'm sorry I must go now. I have a train to catch. 죄송한데, 저는 가봐야 해요. (시간 맞춰) 타야 하는 기차가 있어서요.

Bill : Back in the day, my grandfather showed me how to catch catfish with his bare hands.

Carol : With his bare hands? Wow!

Bill : Well, he did most of the fishing, and I would gather some dry tree branches as they easily catch fire. I still miss roasting fish over a campfire.

Carol : That's a very special memory.

Bill : Yeah, and the countless stars in the night sky were just overwhelming.

Carol : I liked camping with my dad, too. Sometimes he took me and my brother deep into the woods in the winter.

Bill : Camping in the winter sounds cool!

Carol : My mom was worried we might catch a cold, but sleeping in a tent in the snow was a special experience that bonded me with my dad.

빌 : 옛날에 우리 할아버지가 내게 맨손으로 메기 잡는 법을 알려주셨어.

캐롤 : 맨손으로? 와!

빌 : 뭐, 고기 잡는 일은 거의 할아버지가 하셨고, 나는 불이 잘 붙는 마른 나뭇가지를 모아오곤 했지. 난 지금도 캠프파이어에 고기를 굽던 게 그리워.

캐롤 : 아주 특별한 추억이네.

빌 : 응, 그리고 밤하늘에 수없이 많던 별들도 엄청났지.

캐롤 : 나도 아빠랑 캠핑 가는 게 좋았어. 아빠는 종종 나랑 남동생을 겨울에 깊은 숲 속으로 데려가 곤 했어.

빌 : 겨울 캠핑이라니 멋진데!

캐롤 : 엄마는 우리가 감기에 걸릴까 걱정하셨지만, 눈이 올 때 텐트에서 자는 일은 아빠와 나를 묶어주는 특별한 경험이었어.

Catch를 이용해서 다음 문장을 영어로 말해보세요.

**01**

제이미는 내가 도망치기 전에 내 팔을 잡았다.

🗣 Jamie caught my arm before I got away.

**02**

잭은 군중 속에서 얼핏 그녀의 빨간 모자를 보았다.

🗣 Jack caught sight of her red cap in the crowd.

**03**

노라가 지나쳐 갈 때 나는 얼핏 그녀의 향수 냄새를 맡았다.

🗣 As Nora walked past, I caught a whiff of her perfume.

**04**

내가 충분한 시간을 두고 기차를 탈 수 있게 우리는 아침 7시에 떠났다.

🗣 We left at 7 a.m. so I could catch the train in good time.

**NOTE!**

- ☐ Catch you later! 다음에 봐! 'See you later!'의 동의어

- ☐ Someone is a catch! 킹카 혹은 퀸카, 일등 신랑감 또는 신붓감

- ☐ What's the catch? (너무 소건이 이상적으로 좋을 때) 속셈이 뭐야? 꿍꿍이가 뭐야?

밑줄 친 부분에 들어갈 알맞은 단어를 보기에서 찾아 채우세요.

**보기**

attention    breath    cold    glimpse    news

1. The first thing that caught his _____ was her white delicate hands.

2. The jogger ahead of me suddenly stopped to catch her _____.

3. Hi, Amy, did you catch the _____ last night? The serial killer killed more than 20 people!

4. Sam caught a _____ of his reflection in the glass.

5. He caught a _____ before the vaccine kicked in.(*백신이 효력을 발휘하기 전에)

**정답** ❶attention ❷breath ❸news ❹glimpse ❺cold

- **get** a call 전화 받다, 호출 받다
- **get** a letter 편지 받다
- **get** a ticket 딱지 떼다, 티켓을 사다

- **get** a degree 학위를 따다
- **get** a certificate 수료증을 받다
- **get** a right 권리가 생기다
- **get** a job 일자리를 얻다

**물건을 받다**

**자격 등을 받다**

**Get 1**

**보이지 않는 것을 받다**

**물건을 사다, 사다 주다**

- **get** a chance 기회를 얻다, 기회가 생기다
- **get** the impression (~한) 인상을 받다
- **get** permission 허가 받다
- **get** a shock 충격 받다
- **get** a tan 선탠을 하다
- **get** a clue 단서를 알게 되다

- **get** a T-shirt 티셔츠를 사다(기념 티셔츠를 샀다) = 과거형으로 '해보았다'는 의미로 쓰임
- **get** someone a coffee 누군가에게 커피를 사다 주다

**Tip!**

- '그 옷 어디서 샀니?'라고 묻고 싶을 때는 'Where did you get it?'이라고 하면 된다. 흔히 생각하는 'buy'는 잘 쓰지 않는다. 물론 buy라고 써도 알아듣는다. 상대에게 무언가를 사다 달라고 할 때는 'Could you get A for me?'라고 하면 된다. '내가 돈을 줄 테니 사다 줄래?'라는 뜻이다. 참고로 'Could you buy A for me?'는 상대방의 돈으로 사다 달라는 뜻이다.

## "받다"

### 물리적으로 무언가를 받다

- I live in Ohio, but I got a speeding ticket in New Jersey while visiting family.
  난 오하이오에 사는데 뉴저지주로 가족들을 방문하러 갔다가 과속 딱지를 뗐어.
- Lisa finally got her admission letter from her dream college. 리사는 마침내 꿈꾸던 대학에서 오라는 입학 허가 편지를 받았다.

## "받다"

### 자격 등을 받다

- Joseph got his engineering degree from Columbia and then spent 10 years working in IT. 조셉은 콜롬비아에서 공학 학위를 따고 10년을 IT에서 일했다.
- Ted got a job with a multi-level marketing company. 테드는 한 다단계 회사에 취직했다.

## "받다"

### 보이지 않는 것을 받다

- I sometimes got the impression that something was amiss between the couple.
  그 커플 사이가 뭔가 잘못되어 간다는 인상을 때때로 받기는 했다.
- Amy finally got the opportunity to go to Paris and study art. 에이미는 마침내 파리에 가서 미술을 공부할 기회를 얻었다.

## "사다"

### 물건을 사다, 사다 주다

- Been there, done that, got the T-shirt. 이미 겪어봐서 알아. (가봤고, 해봤고, 기념 티셔츠까지 샀어.)
- Could you please get me a cup of coffee on your way back to the office?
  사무실로 돌아오는 길에 저한테 커피 한 잔만 사다 주실래요?
  Cf. 'I've been there'라고만 써도 '나도 이미 겪어봤어'라는 의미가 된다.

Sarah : Wow, where did you get that dress?

Haley : I bought it at Red or Dead last Saturday.

Sarah : Isn't that place expensive?

Haley : It is, but I got a 30 percent off coupon from my cousin.

Sarah : Sounds like you got a good deal!

Haley : Not really. I got a parking ticket while shopping there.

Sarah : Oh, no. But the dress looks amazing on you. Let's go out!

Haley : Thanks, Sarah. I needed a change.

---

사라　　 : 와, 그 드레스 어디서 샀어?

헤일리　 : 지난 토요일에 레드 오어 데드에서 샀어.

사라　　 : 거기 비싸지 않아?

헤일리　 : 비싸. 그런데 사촌에게 30% 할인 쿠폰을 받았어.

사라　　 : 그럼 싸게 잘 샀겠네!

헤일리　 : 꼭 그렇지는 않아. 거기서 쇼핑하는 동안 주차위반 딱지를 떼었거든.

사라　　 : 아, 저런. 하지만 그 드레스 네가 입으니 너무 멋지다. 우리 나가자!

헤일리　 : 고마워, 사라. 기분 전환이 필요했어.

Get을 이용해서 다음 문장을 영어로 말해보세요.

**01**

나는 어제 사기꾼에게 전화를 받았다.

🔊 I got a call from a scammer yesterday.

**02**

인도 국민들은 18세 이상이 되면 투표권이 생긴다.

🔊 Indian citizens get the right to vote when they turn 18.

**03**

놀란 씨는 이 부지에 호텔 허가를 받았다.

🔊 Mr. Nolan got permission to build a hotel on this site.

**04**

제가 샌드위치라도 사다 드릴까요?

🔊 Do you want me to get you a sandwich or something?

---

**NOTE!**

☐ Get a life! 정신 차려!(제대로 좀 살아!)

☐ Get real! 정신 차려!(현실을 직시해!)

☐ We're getting nowhere. 성과가 없다, 진적이 없다

밑줄 친 부분에 들어갈 알맞은 단어를 보기에서 찾아 채우세요.

보기

impression    ticket    souvenirs    degree    right

1. She got the _____ that I was busy, so she just walked past.

2. Pete finally got the _____ to the patent.(*특허권을 받았다.)

3. My valet got a parking _____. Should I pay the fine?(*valet: 발렛주차 해주는 사람을 valet이라고 부른다.)

4. On our last day in San Francisco, we went out and bought some _____ to remember the city.

5. She got a _____ in marketing after just three years.

  정답 ❶impression ❷right ❸ticket ❹souvenirs ❺degree

# Get 2

**Get 2**

가다

- **get** home 집에 오다
- **get** to work 출근하다
- **get** together 모이다

되다

- **get** mad 화나다
- **get** upset 짜증이 나다
- **get** worked up 몹시 흥분하다
- **get** worried 걱정되다
  - **get** hungry 배가 고파지다
  - **get** wet, soaked 젖다. 흠뻑 젖다
  - **get** old 늙다
  - **get** pregnant 임신하다
  - **get** ready (for) 준비하다
  - **get** out of breath 숨이 차다

되다 (Get + pp)

- **get** fired 해고되다
- **get** drunk 취하다
- **get** changed 옷을 갈아입다
- **get** lost 꺼지다
- **get** married 결혼하다
- **get** divorced 이혼하다
- **get** stuck 꼼짝달싹 못하게 갇히다(특히 교통 체증에 갇혔을 때)

~하게 되다

- **get** started 시작하다
- **get** going 가기 시작하다

**Tip!**

- get lost는 '길을 잃어버리게 되다'의 뜻도 있고, 이 자체로 명령문으로 쓰여 감정을 담아 말하면 "꺼져!"라는 강한 표현이 된다.

- '이혼하다'는 get a divorce라고 해도 된다.

- get going은 go보다 좀 더 공손하고 우회적인 표현이다. 또한 get going은 어떤 일이 지연되거나 급한 상황일 때 이제 가야 한다고 하는 뉘앙스를 포함한다.

## "가다"

### ~로 움직이다

- How do you get to work every day? 매일 어떻게(어떤 교통수단으로) 출근해요?
- In 2004, five young IT entrepreneurs got together and founded Good Tech.
  2004년 다섯 명의 젊은 IT 기업가들이 모여 굿 테크 사를 설립했다.

## "되다"

### 어떠한 상태가 되다

- This book has golden tips for you to help your child to get ready for the first day
  in school. 이 책에는 당신이 자녀의 학교 첫날을 준비하도록 도와줄 귀한 조언들이 들어 있다.
- I'm not getting any younger. 난 이제 더 이상 청춘이 아니야.

## "되다"

### 과거분사와 함께 쓰여 '하다' Cf be를 쓰면 그런 상태를 의미한다

- Robin is getting married next week. 로빈은 다음주에 결혼해.
- I got fired for missing 2 days in a month. 나는 한 달에 이틀 결근했다고 해고당했다.

## "하게 되다"

### 동사만 써도 말이 되지만 'get+과거분사'를 써서 더 완곡하게 표현한다

- Miami is a good place to get started. 마이애미는 시작하기에 좋은 곳이야.
- I'm starving. Can you get me something to eat? 너무 배고파. 먹을 것 좀 갖다 줄래?

Jake : Doesn't it take you 2 hours to get to work?

Jane : It used to.

Jake : It used to? You're not working for G Bank anymore?

Jane : I got fired last week.

Jake : Why?

Jane : For tardiness. I kept showing up late.

Jake : But you need a job, especially now that you're getting divorced!

Jane : I know. There's just been too much going on in my life. It's been hard to concentrate on work.

제이크 : 출근하는 데 2시간 걸리지 않아?

제인 : 그랬었지.

제이크 : 그랬었지라니? 더 이상 G 은행에서 일 안 해?

제인 : 지난주에 해고됐어.

제이크 : 왜?

제인 : 근태 불량으로. 내가 계속 지각을 했거든.

제이크 : 하지만 넌 일이 필요해. 특히 지금처럼 이혼하는 마당에.

제인 : 알아. 내 인생에 너무 많은 일이 일어나서 업무에 집중할 수가 없었어.

Get을 이용해서 다음 문장을 영어로 말해보세요.

**01**

한 무리의 마약 중독자들이 그 버려진 집에 모여서 파티를 벌였다.

🗣 A group of drug addicts got together and had a party in the deserted house.

**02**

아빠가 갑자기 내게 5분 안에 옷을 갈아입으라고 했다.

🗣 My dad suddenly told me to go get changed within 5 minutes.

**03**

네이트가 어젯밤에 또 술에 취해 울면서 내게 전화했다.

🗣 Nate got drunk and called me crying again last night.

**04**

그날 나는 교통 체증에 걸려서 1킬로 정도 가는 데 한 시간이 걸렸다.

🗣 I got stuck in a traffic jam that day, and it took me an hour to get through about 1 kilometer.

**NOTE!**

☐ Get the hang of  감이 온다

☐ Get on someone's nerves  누군가의 비위를 건드리다, 화나게 하다

☐ Get it  이해하다

밑줄 친 부분에 들어갈 알맞은 단어를 보기에서 찾아 채우세요.

보기

| going | wet | stuck | pregnant | home |

1. Three in ten American teenage girls will get _____ at least once before age 20.

2. I better get _____ now. I need to pick up my son at 3.

3. She didn't bring an umbrella, so she got _____ to the skin.(*흠뻑 젖었다.)

4. William got _____ nice and early last night.(*nice and early=very early)

5. Eric got _____ at work again, and I had to take care of Dillon all by myself.

# Pay

- **pay** a bill 청구 내역을 지불하다(pay utility bills 관리비를 내다)
- **pay** price / rates / fees / fare / charges / postage 요금을 내다
- **pay** a fine 벌금을 내다
- **pay** tuition/ rent / dues 수업료 / 집세 / 회비를 내다
- **pay** tax / mortgage 세금을 / 주택 대출금을 내다
- **pay** a premium 보험료를 내다

**지불하다, 내다**

- **pay** wages / salary 임금을 주다
- **pay** bonuses 상여금을 주다
- **pay** benefits (복리후생) 수당을 주다
- **pay** dividends 주식 배당금을 주다
- **pay** grant 보조금을 주다
- **pay** an allowance 수당 / 용돈을 주다
- **pay** a bribe 뇌물을 주다
- **pay** ransom 몸값을 지불하다

**주다**

**Pay**

**존경하다**

**주다, 하다**

- **pay** respect / homage (to) 존경하다, 경의를 표하다
- **pay** regard (to) 존중하다, 유념하다
- **pay** a tribute (to) 공물을 바치다, 찬사를 바치다
- **pay** lip service (to) (~에게) 듣기 좋은 소리를 해주다
- **pay** compliment (to) 찬사를 하다

- **pay** attention (to) 주의를 기울이다, 주목하다
- **pay** a visit (to) 방문하다

**Tip!**

- 영어에는 가격을 나타내는 단어가 여러 개 있다. price가 일반적인 가격이라면, rates는 요율로 계산하는 요금(객실 요금이나 환율 등), fee는 각종 수수료, fare는 탈 것의 요금, charges는 청구액, postage는 우편요금을 의미한다.

## "지불하다, 내다"

각종 요금과 세금 등을 내다

- I have bills to pay, but I'm not happy at work. 각종 공과금을 내야 하는데, 직장이 마음에 안 들어요.
- Andy paid a fine of 300 dollars for a traffic violation. 앤디는 교통위반 범칙금으로 3백 달러의 벌금을 냈다.

## "주다"

월급 등 각종 수당을 주다

- The factory pays wages on the 15th of each month via SH Bank cards.
  그 공장은 매달 15일에 SH은행 카드로 임금을 지급한다.
- The businessman refused to pay ransom for his grandson. 그 사업가는 자기 손자의 몸값을 내기를 거부했다.

## "존경하다"

존경이나 찬사를 바치다

- In his movie *Pulp Fiction*, Tarantino paid homage to the 1963 Italian movie *8½*.
  영화 〈펄프 픽션〉에서 타란티노는 1963년 이탈리아 영화 〈8½〉에 오마주를 바쳤다.
- She paid lip service to blue-collar workers, but she did nothing to help them once elected. 그녀는 노동자들에게 입 발린 소리를 하고는 당선된 후에는 이들을 돕기 위해 아무것도 하지 않았다.

## "주다, 하다"

목적을 가지고 무언가를 '주어' 어떤 일을 하다

- Anyone can pay a casual visit to this museum during any time of the year.
  누구든지 이 박물관에 연중 편하게 방문할 수 있다.
- Pay close attention to your gut instinct. 당신 내면의 본능에 면밀한 주의를 기울이세요.

Vince : I'm not sure if I should buy a house.

Lisa : What's holding you back?

Vince : I just don't want to be tied down to a mortgage for two decades. It feels like my whole life would be taken hostage.

Lisa : You should also consider rent hikes. Sometimes, paying a mortgage can be more predictable than dealing with ever-rising rents.

Vince : Is there a way to live both debt-free and rent-free?

Lisa : Some countries like Australia have very good welfare systems, so their citizens don't have to worry about life after retirement.

Vince : But they also pay a lot of taxes, right?

Lisa : Yes, but isn't it worth it for peace of mind?

---

빈스 : 집을 사야 하는 건지 잘 모르겠어.

리사 : 왜 주저하는데?

빈스 : 20년 동안 담보 대출에 매여 있고 싶지 않아. 마치 내 인생을 통째로 저당 잡히는 기분이야.

리사 : 임대료 인상도 고려해야지. 때로는 담보 대출을 갚는 게 꾸준히 오르는 임대료를 내는 것보다 더 예측 가능한 일일 수 있어.

빈스 : 대출도, 임대료도 없이 사는 방법은 없을까?

리사 : 호주 같은 몇몇 국가는 사회복지 시스템이 잘되어 있어서, 그 나라 시민들은 은퇴 후 삶을 걱정할 필요가 없어.

빈스 : 하지만 세금을 많이 내잖아.

리사 : 맞아. 하지만 마음의 평안을 위해서는 그럴 가치가 있지 않아?

Pay를 이용해서 다음 문장을 영어로 말해보세요.

**01** 학자금 대출을 받지 않으면 나는 등록금을 낼 수 없다

🗣 I can't pay my tuition unless I get a student loan.

**02** 많은 셀럽들이 인스타그램에서 우크라이나에 존경을 표하고 있다.

🗣 Many celebrities are paying respects to Ukraine on their Instagram accounts.

**03** 계약서에 서명할 때는 세부 사항에 주목하는 것이 중요하다.

🗣 It's important to pay attention to details when you sign a contract.

**04** 노인과 장애인 승객들은 50센트의 요금을 내게 될 것이다.

🗣 Senior and disabled passengers will pay a fare of 0.50 dollars.

**NOTE!**

- ☐ If you pay peanuts, you get monkeys. 싼 게 비지떡이다
- ☐ Hit pay-dirt 횡재하다, 노다지를 캐다
- ☐ Pay one's way 빚지지 않고 살다
- ☐ Pay one's own way 자력으로 살다
- ☐ Pay one's own way through college 자기가 벌어서 대학을 마치다

밑줄 친 부분에 들어갈 알맞은 단어를 보기에서 찾아 채우세요.

보기

allowance     dues     ransom     respect     taxes

1. Honorary members don't have to pay _____ of any kind.(*Honorary members=명예 회원)

2. The government plans to pay danger _____ to the rescue workers.(*위험수당을 지불하다.)

3. They felt they had no choice but to pay the _____ for the kidnapped girls.(*have no choice but to V.=~하는 수밖에 없다)

4. If you've mistakenly paid _____ for the wrong property, you can request a refund.

5. The volunteers paid _____ to the founder of the NGO.

정답   ❶dues  ❷allowance  ❸ransom  ❹taxes  ❺respect

**Unit 16.**

# Go

---

❶ 가다

❻ 울리다

---

❷ 전달되다

❼ 사라지다

---

❸ 놓이다

❽ 팔리다

---

❹ (일이) 돌아가다, 진행되다

---

❺ (좋지 않게) 되다, 변하다

---

- **go** abroad / overseas 해외로 가다
- **go** astray 길을 잃다. 헤매다
- **go** missing 행방불명되다
- **go** on a date / a picnic 데이트하러 가다 / 소풍 가다
- **go** on foot 걸어 가다
- **go** to war 전쟁에 나가다 / 전쟁을 하게 되다
- **go** a long way / one's separate ways 먼 길을 가다 / 각자 갈 길을 가다
- **go** to bed 잠자리에 들다
- **go** to the movies 영화 보러 가다
- **go** see a doctor 병원에 가다

- **go** bad 상하다
- **go** blind / deaf 눈이 멀다 / 귀가 먹다
- **go** crazy / insane 미치다 / 환장하다
- **go** mad / angry 화나다
- **go** quiet 조용해지다
- **go** wild 거칠어지다. 야생으로 가다
- **go** wrong (일이) 잘못되다

**가다**

**(기분 혹은 심리) 되다**

**Go**

**(공적인 상태) 되다**

**~하러 가다 (go~ing 꼴)**

- **go** camping 캠핑 가다
- **go** dancing 춤추러 가다
- **go** fishing / hiking / sailing 낚시하러 / 등산하러 / 항해하러 가다
- **go** bowling / skiing / skating 볼링 치러 / 스키 타러 / 스케이트 타러 가다
- **go** jogging / running 조깅하러 / 뛰러 가다

- **go** online 온라인에 진출하다
- **go** public 공개하다. 주식을 상장하다
- **go** out of fashion 유행이 지나다
- **go** bankrupt 파산하다
- **go** out of business 문을 닫다. 폐업하다

**Tip!**

- '영화를 보러 가다'는 go to the movies로 복수형 movies를 쓴다.

## "가다"

(실제로) 몸을 움직여 어디로 가다

- Those who went overseas had better opportunities than at home. 해외로 갔던 사람들이 국내에서 보다 나은 기회를 가질 수 있었다.
- The twins went their separate ways and have become estranged. 그 쌍둥이는 각자 자기의 길을 가서 사이가 소원해졌다.

## "되다"

기분이나 심리가 어떤 상태가 되다

- Everyone fell silent, and everything went quiet. 모두가 조용해졌고, 모든 것이 조용해졌다.
- Kids can go wild on this jungle gym. 아이들은 이 정글짐에서 마음껏 놀아도 된다.

## "되다"

공적인 상태가 어떻게 되다

- Belle ultimately went out of business completely and closed all 80 of its stores nationwide. 벨르는 결국 완전히 폐업했고 전국 80개 모든 점포의 문을 닫았다.
- The share price has nearly halved since the company went public. 그 회사가 상장한 이후 주가는 반토막이 났다.

## "~하러 가다"

'go ~ing' 꼴로 쓴다

- They would have a beer or go bowling on weekends. 그들은 주말에는 맥주를 마시거나 볼링을 치러 가곤 했다.
- In that city, you can go dancing all night long. 그 도시에서는 밤새 춤추러 갈 수 있다

Natalie : I feel very lost, like I'm going crazy.

Joan : Oh, Nat. Just forget about Brad. You just have to move on.

Natalie : I know I should, but my feelings say otherwise.

Joan : How about we go dancing tonight? I've heard the new club, Scream, is the place to be!

Natalie : What if Brad is there, too? You know he enjoys clubbing.

Joan : Well, let him see you thriving without him. We can have a blast without boyfriends.

Natalie : What's the point in pretending I'm okay?

Joan : Sometimes pretending to be doing well actually helps you feel better!

---

나탈리 : 길을 잃은 기분이야. 정신을 놓고 있나봐.

조앤 : 어머, 나탈리. 브래드는 그냥 잊어버려. 너도 새로 시작해야지.

나탈리 : 그래야 한다는 건 아는데, 내 감정은 다른 말을 해.

조앤 : 오늘 밤 우리 춤추러 가는 게 어때? 새로 생긴 클럽, 스크림이 정말 끝내준다던데!

나탈리 : 브래드가 거기 있으면 어떡해? 너도 알다시피 브래드는 클럽 다니는 거 좋아하잖아.

조앤 : 음, 자기 없이도 네가 잘 지내는 거 보라지 뭐. 우리는 남자 친구들 없어도 재밌게 놀 수 있어.

나탈리 : 괜찮은 척하는 게 무슨 소용인데?

조앤 : 때로는 잘 지내는 척하는 게 실제로 기분이 좋아지는 데 도움이 돼!

Go를 이용해서 다음 문장을 영어로 말해보세요.

**01**

십대들은 종종 자신이 무엇을 원하는지를 몰라서 방황한다.

🔊 Teenagers often go astray when they are unsure about what they want.

**02**

사람들이 스트레스를 받으면 일이 쉽게 잘못될 수 있다.

🔊 Things can easily go wrong when people are under stress.

**03**

한 스타일이 유행이 지났다가 20년쯤 뒤에 다시 돌아오기도 한다.

🔊 A style goes out of fashion and then comes back into favor roughly twenty years later.

**04**

마지는 매일 아침 개와 함께 조깅을 하러 간다.

🔊 Marge goes jogging with her dog every morning.

---

**NOTE!**

☐ Go with the flow  대세에 따르다

☐ Go for it  해 봐! 질러버려!

☐ Go a long way  길게 간다, 큰 효과가 있다, 도움이 되다, 성공하다

밑줄 친 부분에 들어갈 알맞은 단어를 보기에서 찾아 채우세요.

보기

bankrupt    hiking    public    way    insane

1. The funds raised from this campaign will go a long _____ in providing help to the refugees.

2. The company has only two choices now: merge or go _____.

3. If you were forbidden to laugh, you might go _____.

4. Boy scouts frequently go _____ and camping.

5. You could have gone _____ with the information. Why did you keep it all to yourself?

# Come

# COME

- **come** early / late 일찍 / 늦게 오다
- **come** first / second 처음으로 / 두 번째로 오다(가장 중요하다 / 덜 중요하다)
- **come** close 가까이 오다
- **come** ashore 상륙하다
- **come** to a fork in the road 갈림길에 서다

- **come** to an end / a close 끝나다
- **come** to a stop / a halt / a standstill 멈추다, 중단되다
- **come** to a naught 물거품이 되다
- **come** to life 살아나다
- **come** to light 알려지다
  - **come** to power 권력을 잡다
    - **come** to a decision / (=reach a conclusion) 결정 / 결론에 도달하다

오다, 가다

- **come** to resemble 닮게 되다
- **come** to realize 깨닫게 되다
- **come** to the rescue 구하러 오다
- **come** to think of it 생각해보니

~하게 되다 **Come** ~한 상태가 되다

그 외

- **come** to an agreement / a compromise / terms 동의 / 타협에 도달하다 / 받아들이다
- **come** to one's defense ~를 옹호 / 변호하다
- **come** to the surface 표면화 하다, 겉으로 드러나다

- **come** clean 실토하다, 털어놓다
- **come** around 정신차리다(방향을 바꾸어 ~쪽으로 오다)
- **come** alive 생생해지다

**Tip!**

- come to light, come to the surface 같은 표현은 문자 그대로의 의미로 쓰지 않는다는 점에 주의해야 한다.

## "오다, 가다"

물리적으로 몸을 움직여 어디로 오거나 가다

- The hurricane came ashore along the Texas Gulf Coast last Saturday.
  그 허리케인은 지난 토요일 텍사스만 해안을 따라 상륙했다.
- Joseph sacrificed everything for the cause. To him, everything, even his own family,
  came second. 조셉은 모든 것을 그 대의를 위해 희생했다. 그에게는 가족을 포함한 모든 것이 덜 중요했다.

## "~한 상태가 되다"

'Come to N.'의 꼴로 쓴다

- In the boy's dream, all his toys came to life. 그 소년의 꿈 속에서는 소년의 장난감이 전부 살아났다.
- The military operation came to an end on September 7, 1992. 그 군사 작전은 1992년
  9월 7일에 끝났다.

## "~하게 되다"

'Come to V.'의 꼴로 쓴다

- Gradually, she came to realize that his words were all lies. 점점 그녀는 그의 말들이 모두 거
  짓이었음을 깨달았다.
- You will come to understand that your child is not your property. 당신 자녀가 당신의
  소유물이 아니라는 것을 이해하게 될 겁니다.

## 그 외

- The company eventually came clean and admitted they had made a mistake.
  그 기업은 결국 사실을 털어놓으며 자신들이 실수를 했다고 인정했다.
- My son doesn't want to study sound editing, but I think he will come around to
  the idea if he gives it some thought. 내 아들은 음향 편집을 공부하기를 원치 않는다. 하지만 조금 생
  각해보면 그렇게 하겠다고 할 것이다.

Josh　: Man, I came close to quitting my job today.

Anne　: Really? What happened?

Josh　: My boss tried to pin the error in the Jackson report on me. I was about to call him out when…

Anne　: When what?

Josh　: When his secretary, Kelly, came to my defense and said it was actually him who had made the wrong change to the final draft.

Anne　: Wow, she is an angel.

Josh　: Well, my boss has been harsh on her, too, so I guess she's had enough of him.

Anne　: Your boss seems really difficult. Haven't there been any actions taken against him?

---

조쉬　: 저기, 오늘 하마터면 회사 그만둘 뻔했어.

앤　: 정말? 무슨 일인데?

조쉬　: 내 상사가 잭슨 보고서에 있는 오류를 나한테 덮어씌우잖아. 막 소리를 지르려고 했는데...

앤　: 했는데?

조쉬　: 상사의 비서인 켈리가 날 옹호해줬어. 최종본에 잘못된 수정을 한 게 사실은 상사였다고 말했어.

앤　: 와, 널 구했네.

조쉬　: 음, 상사가 비서한테도 심하게 굴었거든. 그래서 켈리도 질렸나봐.

앤　: 네 상사는 정말 힘든 것 같다. 회사는 그 사람한테 아무 조치도 취하지 않았어?

# EXERCISE 1

Come을 이용해서 다음 문장을 영어로 말해보세요.

**01** 거북이들은 알을 낳기 위해 뭍에 오른다.

🗣 Turtles come ashore to lay eggs.

**02** 다른 여자 피겨 스케이터들은 김연아의 경지 가까이에 이른 적이 없다.

🗣 Other female figure skaters have never come close to Kim Yuna's level.

**03** 공산당은 1949년 중국에서 집권을 하게 되었다.

🗣 The Communists came to power in China in 1949.

**04** 피노키오는 살아나자 진짜 소년의 기쁨과 어려움을 배웠다.

🗣 When he came to life, Pinocchio learned the joys and challenges of being a real boy.

---

**NOTE!**

- ☐ Come close to N. ~할 뻔하다
- ☐ Come full circle 다시 원점으로, 제자리로 돌아오다
- ☐ Come to a bad end 좋지 않게 끝나다
- ☐ Come to a dead end 막다른 길에 도달하다
- ☐ Come to an untimely end 이른 나이에 죽다

밑줄 친 부분에 들어갈 알맞은 단어를 보기에서 찾아 채우세요.

보기

around    alive    terms    light    ashore

1. New political issues suddenly came _____ after the election.
   (*선거 후 새로운 정치 이슈로 갑자기 시끄러워졌다.)

2. It has taken George a long time to come to _____ with his wife's death.(*아내의 죽음을 받아들이는 데 오래 걸렸다.)

3. My mother has finally come _____ to my way of thinking and accepted that I won't marry or have kids.(*시간이 걸렸지만 내 사고방식을 받아들였다.)

4. We came _____ when the boat reached the port.

5. Isabel got angry when it came to _____ that some people had been promoted unfairly.(*불공정하게 승진했다는 사실이 드러나자)

  정답  ❶alive  ❷terms  ❸around  ❹ashore  ❺light

114

# Keep

# KEEP

- **keep** a secret 비밀을 지키다
- **keep** a promise / one's word
  약속을 지키다
- **keep** the faith 신의를 지키다
- **keep** one's job 일자리를 지키다
- **keep** one's distance
  거리를 두다
- **keep** diet 식이요법을
  하다
- **keep** early hours
  일찍 자고 일찍 일어나다

- **keep** quiet 침묵을 유지하다
- **keep** calm 침착함을 유지하다
- **keep** safe 안전함을 유지하다
- **keep** still 계속 가만히 있다
- **keep** awake 계속 깨어 있다
- **keep** alive 계속 살아 있다, 살려두다
- **keep** fit / in shape
  건강을 / 몸매를 유지하다
- **keep** in touch
  계속 연락하다

**지키다**

**~한 상태를
유지하다**

**Keep**

**유지하다**

**적다, 쓰다**

- **keep** a dog
  개를 기르다
- **keep** one's balance
  균형을 유지하다
- **keep** pace 보조를 맞추다
- **keep** tabs on 예의주시하다, 감시하다
- **keep** watch / vigil 망보다, 철야 간호를
  하다, 야간 경비를 하다

- **keep** a record
  기록하다
- **keep** a diary /
  a journal / a log 일기를 /
  저널을 / 항해 일지를 쓰다
- **keep** books 회계 장부를 관리하다,
  경리 업무를 하다 (**cf** bookkeeping)
- **keep** inventory 재고를 기록하다
- **keep** score 점수를 기록하다

## Tip!

- keep diet라고도 쓸 수 있으나 stick to diet가 더 자연스럽다.
- keep inventory도 '계속해서 쓴다'는 의미로 쓸 수 있으나 take inventory나 maintain inventory가
  더 많이 쓰인다.

## "지키다"

비밀이나 약속, 의무 등을 지키다

- King Herod had John beheaded to keep a promise to Salome. 헤롯 왕은 살로메에게 한 약속을 지키기 위해 요한을 참수시켰다.
- I was always the kid who kept my distance from everyone. 나는 어렸을 때 모든 사람과 늘 거리를 두었다.

## "~한 상태를 유지하다"

'Keep+형용사' 또는 'keep+목적어+형용사'의 형태로 쓴다

- Sam has given up drinking and taken up tennis to keep fit. 샘은 건강을 유지하기 위해 술을 끊고 테니스를 시작했다.
- If you keep calm and stick together as a team, you'll be all right. 너희들이 침착함을 유지 하면서 하나의 팀으로 뭉치면 아무 일 없을 거야.

## "유지하다"

(목적어)를 유지하다, 키우다

- The best place to keep an iguana is in a terrarium. 이구아나를 키우기에 가장 좋은 장소는 테라리움이다.
- Kevin climbed a tree to keep watch. 케빈은 망을 보기 위해 나무에 올라갔다.

## "적다, 쓰다"

계속해서, 반복적으로 기록하다

- Taylor kept a log of the number of hours she spent bird watching. 테일러는 버드 와칭을 한 시간을 일지에 기록했다.
- I really wish I had kept a journal during all my travels. 여행하면서 일지를 적었더라면 얼마나 좋았을까 싶어.

Robin : I feel like I've been a bad mom to my son.

Alex : Hey, don't be too hard on yourself. You've done enough as a single working mom.

Robin : Maybe my best wasn't good enough for Noel. Last week he told me how many times I had failed to keep my promises to him.

Alex : What promises?

Robin : Promises like taking him to Disneyland or letting him have a pet.

Alex : Hmm, but you've worked long hours, juggling between work and study, and you've managed to stay healthy.

Robin : I'm thinking about getting him a dog. I guess he's old enough to take care of one now.

Alex : Good idea! Raising a dog will help him understand what it takes to take care of someone.

로빈 : 난 내 아들에게 나쁜 엄마였던 것 같아.

알렉스 : 어, 너 자신에게 그렇게 모질게 굴지 마. 일하는 싱글맘으로 넌 할 만큼 했어.

로빈 : 아마도 나의 최선은 노엘에게는 충분치 않은가봐. 지난주에 노엘이 내가 몇 번이나 약속을 지키지 못했는지 말하더라.

알렉스 : 무슨 약속인데?

로빈 : 디즈니랜드에 데려간다든가 애완동물을 키우게 해준다든가 하는 약속.

알렉스 : 음, 너는 근무 시간이 길잖아. 일과 공부도 병행하고 있고. 그러면서 건강도 유지하고.

로빈 : 노엘에게 개를 한 마리 구해줄까봐. 이제 한 마리를 돌볼 만큼 큰 것 같아.

알렉스 : 좋은 생각이야. 개를 키워보면 누군가를 돌보기 위해 뭐가 필요한지 이해하는 데 도움이 될 거야.

Keep을 이용해서 다음 문장을 영어로 말해보세요.

**01**

그 상원 의원은 그 난민들을 돕겠다는 약속을 지켰다.

🗣 The senator kept his word about helping the refugees.

**02**

폴은 계속 깨어 있으려고 진한 커피를 많이 마셨다.

🗣 Paul drank a lot of strong coffee to keep awake.

**03**

피오나가 너무 빨리 걸어서 나는 보조를 맞출 수 없었다.

🗣 Fiona walked so fast I couldn't keep pace.

**04**

그 선장은 태평양을 건너는 그들의 항해를 일지에 기록했다.

🗣 The captain kept a log of their voyage across the Pacific.

**NOTE!**

☐ **Keep calm and carry on**  침착하게 일상을 계속 유지하세요(2차 세계대전 중 공습이 잦았던 영국 정부가 시민들에게 내걸었던 문구. 현재는 keep calm and ~의 꼴로 수많은 변형꼴로 쓰인다.)

☐ **Keep something to yourself**  너만 알고 있어(비밀로 해줘), 너 혼자 간직해

☐ **Keep it up**  계속해, 계속 그렇게 해(노력해)

☐ **Keep up the good work**  수고하세요

# EXERCISE 2

밑줄 친 부분에 들어갈 알맞은 단어를 보기에서 찾아 채우세요.

보기

shape    vigil    touch    pace    diary

1. I met him when I worked in LA, and I've kept in _____ with him ever since.

2. She bought a tread mill to keep in _____.(*tread mill=러닝머신)

3. A lot of people have a problem keeping _____ with the faster tempo of the day.

4. The mother kept _____ at the bedside of her dying son.

5. During the lockdown, Anna kept a _____, and she published it five years later.

정답  ❶touch  ❷shape  ❸pace  ❹vigil  ❺diary

# Bring

**❶** 가져오다, 데려오다

**❷** (특정 상태, 장소에) 있게 하다

**❸** 주다

**❹** 야기하다, 가져오다

# BRING

- **bring** benefit 이득을 가져오다
- **bring** comfort 위로, 안락함을 가져오다
- **bring** happiness 행복을 가져오다
- **bring** hope 희망을 가져오다
- **bring** peace 평화를 가져오다
- **bring** pleasure / joy
  기쁨을 가져오다
- **bring** relief 안도를 가져오다
- **bring** wealth
  부를 가져오다

- **bring** an action 소송을 걸다
- **bring** a case 소송을 제기하다
- **bring** a charge 고발하다
- **bring** a claim 소송 걸다. 이의를 제기하다
- **bring** proceedings 소송을 제기하다
- **bring** a prosecution 기소하다

~을
가져오다

정식으로
시작하다

**Bring**

정식으로
~를 받게
가져오다

야기하다

- **bring** ~ before a
  (the) court / judge /
  magistrate / tribunal 법정
  으로 가져가다

- **bring** death
  죽음을 가져오다
- **bring** tears 눈물짓게 하다
- **bring** wrath 노여움을 사다
- **bring** a smile 미소를 안기다
- **bring** shame 욕되게 하다

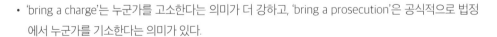

**Tip!**

- 'bring a charge'는 누군가를 고소한다는 의미가 더 강하고, 'bring a prosecution'은 공식적으로 법정
  에서 누군가를 기소한다는 의미가 있다.

## "~을 가져오다"

정신적 / 심리적인 안정을 가져다주다, 선사하다

- This delicious chocolate cake brought a lot of happiness this Easter. 이번 부활절에 이 초콜릿 케이크는 많은 행복을 선사했다.
- Education can help to bring peace to the war-torn country. 교육은 전쟁의 상흔에 시달리는 그 나라에 평화를 가져다주는 데 도움이 된다.

## "정식으로 시작하다"

행동을 취하다, 시작하다

- The employee decided to bring an action for infringement of personal rights. 그 직원은 개인 권리의 침해에 대해 법적인 조치를 취하기로 결정했다
- The investors brought a claim after not receiving their stock purchase rights. 주식 매수권을 받지 못한 후 그 투자자들은 소송을 제기했다.

## "정식으로 ~를 받게 가져오다"

'+ before'의 꼴로 쓰인다

- Police detained John Adams last weekend and brought him before a court. 경찰은 존 애덤스를 지난 주말에 억류했고, 그를 재판에 부쳤다.
- Russian authorities detained an Uzbek blogger, questioned him and brought him before a judge. 러시아 당국은 한 우즈베키스탄인 블로거를 구금하고 심문한 뒤 재판에 부쳤다.

## "야기하다"

어떤 것의 영향이 끼치게 만들다

- His actions brought shame on his parents. 그의 행동은 그의 부모에게 수치를 안겨주었다.
- The scene brought tears to my eyes and warmth to my heart. 그 장면에 나는 눈물을 흘렸고 마음이 따뜻해졌다.

Heather: I'm planning to bring my case before a court.

Keaton: Yeah, I guess you have to. Your company didn't take the proper actions.

Heather: They refuse to relocate the assailant. Instead, they are buying his claim that he was falsely accused.

Keaton: Any grounds for that?

Heather: They say there's no evidence besides my word.

Keaton: Oh, come on. In sexual harassment cases, the victim's testimony alone can be enough evidence.

Heather: I know. But the management is mostly men, and it seems like they think the shame brought upon the assailant is graver than the suffering I've gone through.

Keaton: Shame. Geez, he brought that shame on himself!

---

헤더 : 내 사건을 법정으로 가져가려고 해.

키튼 : 응, 그래야 할 것 같아. 너희 회사가 적절할 조치를 취하지 않았으니까.

헤더 : 가해자를 전근 보내는 것을 거부했어. 대신 거짓으로 고발당했다는 그 사람 말을 믿고 있어.

키튼 : 그렇게 하는 근거라도 있어?

헤더 : 내 말 말고는 증거가 없대.

키튼 : 맙소사. 성희롱 사건에서는 피해자의 증언만 있어도 충분히 증거가 돼.

헤더 : 알아. 하지만 경영진이 대부분 남자잖아. 그리고 그들은 내가 겪는 고통보다 가해자가 겪는 수치가 더 크다고 생각해.

키튼 : 거 참 안됐네. 그 수치는 그 자가 자초한 건데.

Bring을 이용해서 다음 문장을 영어로 말해보세요.

**01**

새로운 정책은 지역 공동체에 커다란 안도를 가져다주었다.

🔊 The new policy brought great relief to local communities.

**02**

샘이 대출을 갚지 않으면 은행은 그에게 소송을 걸 것이다.

🔊 If Sam doesn't pay the loan, the bank will bring an action against him.

**03**

카렌이 다른 주로 도주해서 경찰은 그녀를 법정에 세우지 못했다.

🔊 As Karen fled to another state, police failed to bring her before the court.

**04**

학교 건립은 난민 캠프에 있는 아이들 얼굴에 미소를 가져다주었다.

🔊 The construction of a school brought smiles to the faces of children in the refugee camp.

 **NOTE!**

- ☐ Just bring yourself. 몸만 와

- ☐ Bring it on! 자, 덤벼!

- ☐ Bring together 모으다, 거두다, 불러모으다, 거두어들이다

밑줄 친 부분에 들어갈 알맞은 단어를 보기에서 찾아 채우세요.

보기

claim    judge    comfort    benefits    anger

1. Therapy animals have brought _____ to people in this pandemic year.

2. The shop owner brought a _____ against Mr. Collins for the property damage.(*property damage=재산 피해)

3. The misdemeanor committed by the two teenagers eventually brought them before the _____.(*misdemeanor=비행, 못된 짓)

4. It was not wise of you to bring _____ into your relationships.

5. Globalization has brought _____ and challenges.

정답 ❶comfort ❷claim ❸judge ❹anger ❺benefits

# Give

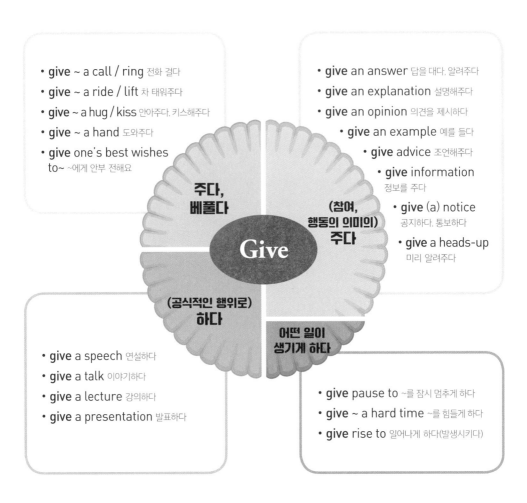

• **give** ~ a call / ring 전화 걸다
• **give** ~ a ride / lift 차 태워주다
• **give** ~ a hug / kiss 안아주다, 키스해주다
• **give** ~ a hand 도와주다
• **give** one's best wishes to~ ~에게 안부 전해요

주다, 베풀다

• **give** an answer 답을 대다, 알려주다
• **give** an explanation 설명해주다
• **give** an opinion 의견을 제시하다
• **give** an example 예를 들다
• **give** advice 조언해주다
• **give** information 정보를 주다
• **give** (a) notice 공지하다, 통보하다
• **give** a heads-up 미리 알려주다

(참여, 행동의 의미의) 주다

**Give**

(공식적인 행위로) 하다

• **give** a speech 연설하다
• **give** a talk 이야기하다
• **give** a lecture 강의하다
• **give** a presentation 발표하다

어떤 일이 생기게 하다

• **give** pause to ~를 잠시 멈추게 하다
• **give** ~ a hard time ~를 힘들게 하다
• **give** rise to 일어나게 하다(발생시키다)

**Tip!**

• 영국 영어에서 call은 visit의 뜻으로 쓰인다. 그래서 영국에서 '전화하다'는 'give someone a ring'으로 쓰인다.
• Thank for the heads-up은 "미리 알려줘서 고마워"라는 구어체 표현으로 자주 쓰인다.

## "주다, 베풀다"

(관계 속에서) 무언가를 베푸는 의미의 주다

- Yesterday I gave him a call to find out more about the offer. 그 제안에 대해 더 알아보기 위해 어제 그에게 전화했다.

- Today my crush gave me a ride home. He even opened the door for me when I got out. 오늘 내가 좋아하던 사람이 날 집에 태워다 줬어. 심지어 내가 내릴 때 문도 열어줬어.

## "주다"

참여 혹은 행동의 의미의 주다

- When I left the company, I gave my employer three months' notice. 그 회사를 나올 때 나는 회사에 3개월 전에 미리 통보했다.

- At the workshop, they asked me to give some examples of different marketing techniques. 그 워크숍에서 그들은 내게 다양한 마케팅 기법의 몇몇 예를 들어 달라고 했다.

## "하다"

공식적으로 무언가를 하다

- I gave a lecture on qualitative research to medical students last month. 나는 지난달에 의대생들에게 질적 연구에 대한 강의를 했다.

- Callahan gave a presentation on virtual reality. 캘러한은 가상 현실에 대한 발표를 했다.

## "어떤 일이 생기게 하다"

사물 혹은 사람이 목적어에게 어떤 일이 생기게 하다

- Steve's teenage son gave him a hard time by refusing to get out of bed and prepare for school. 스티브의 10대 아들은 잠자리에서 일어나 학교 갈 준비를 하지 않겠다며 스티브를 힘들게 했다.

- Injuries sustained during World War II gave rise to advancements in modern plastic surgery. 2차 세계대전의 부상들이 현대 성형 수술에 진전을 일구어냈다.

Debbie : Sadie asked me to help with her campaign, but I don't feel like doing it.

Katie : I've been there. I wouldn't work with her, either.

Debbie : The thing is, if she wants someone to help her, at least she should know where she needs help! I can give her a hand, but…

Katie : She basically wants others to do all the work for her. Last time I worked with her for a fundraiser, I ended up doing almost everything. I even cleaned up the booth by myself.

Debbie : Wow, what did Sadie do, then?

Katie : She did interviews with local newspapers and talked to the mayor. That's all she did.

Debbie : Someone should give her a heads-up about the way she works if the campaign is to go on.

Katie : Well, who would tell her to her face?

데비 : 세이디가 자기 캠페인을 도와달라는데 난 돕고 싶지 않아.

케이티 : 나도 겪어봐서 알아. 나 같아도 세이디랑 일 안 해.

데비 : 있잖아, 누군가 자기 일을 도와주기를 원하면 최소한 어디에 도움이 필요한지를 알아야 할 거 아냐. 도와줄 수는 있어, 그런데...

케이티 : 세이디는 기본적으로 다른 사람들이 자기 일을 다 해주기를 바라. 지난번에 모금운동 건으로 같이 일했을 때 거의 모든 일을 결국엔 내가 하게 되더라고. 심지어 부스를 청소하는 일까지 했어.

데비 : 와, 세이디는 뭘 했는데?

케이티 : 지역 신문과 인터뷰를 하고 시장과 면담을 했지. 세이디가 한 일은 그것뿐이야.

데비 : 캠페인이 진행되려면 누군가 세이디가 일하는 방식에 대해 한마디 해줘야 해.

케이티 : 누가 세이디 면전에다 그런 말을 하겠어?

Give를 이용해서 다음 문장을 영어로 말해보세요.

**01** 아빠는 집을 떠나기 전 나를 꼭 안아주었다.

🗣 When he left home, my dad gave me a big hug.

**02** 그 셀럽은 자기 딸을 위해 택한 그 독특한 이름에 대해 설명했다.

🗣 The celeb gave an explanation for the unique name she chose for her daughter.

**03** 1863년 11월 18일 링컨 대통령은 게티스버그에서 감동적인 연설을 했다.

🗣 On November 18, 1863, President Lincoln gave a moving speech at Gettysburg.

**04** 수업을 하지 않고 보낸 몇 주가 내게 성찰할 짬을 주었다.

🗣 The weeks without classes gave me a pause for reflection.

**NOTE!**

☐ **Give me a break!** 그만 좀 해. 좀 봐줘. 좀 살살해

☐ **Give it time.** 시간을 두고 보자

☐ **Don't give me that.** 변명하지 마.(that이 변명이라는 뜻으로 쓰이는 것은 아니고, 상대가 변명을 늘어놓는 상황에서만 이 뜻으로 쓰인다.)

밑줄 친 부분에 들어갈 알맞은 단어를 보기에서 찾아 채우세요.

보기

opinion    rise    advice    hand    talk

1. Accept his offer. Let him give you a _____ with the map-reading.

2. Anyone can give an _____ about a book they've read.

3. Professor Morin gave a _____ about children's second language acquisition.

4. The Industrial Revolution gave _____ to rapid urbanization.

5. Don't give _____ whether solicited or not.(*누가 청해서든 아니든 조언하지 마!)

정답    ❶hand  ❷opinion  ❸talk  ❹rise  ❺advice

# STEP 1 PUT

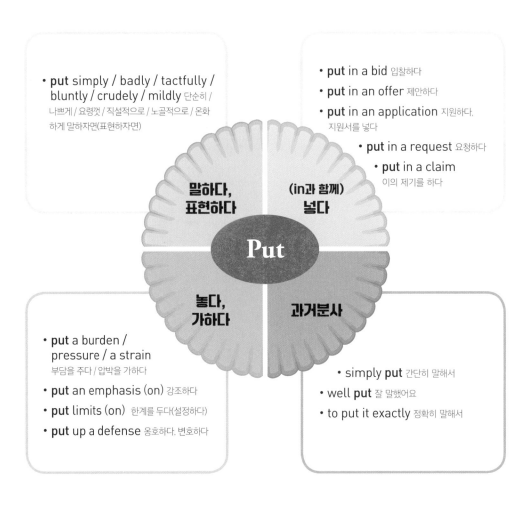

- **put** simply / badly / tactfully / bluntly / crudely / mildly 단순히 / 나쁘게 / 요령껏 / 직설적으로 / 노골적으로 / 온화 하게 말하자면(표현하자면)

말하다, 표현하다

(in과 함께) 넣다

- **put** in a bid 입찰하다
- **put** in an offer 제안하다
- **put** in an application 지원하다, 지원서를 넣다
  - **put** in a request 요청하다
  - **put** in a claim 이의 제기를 하다

Put

놓다, 가하다

- **put** a burden / pressure / a strain 부담을 주다 / 압박을 가하다
- **put** an emphasis (on) 강조하다
- **put** limits (on) 한계를 두다(설정하다)
- **put** up a defense 옹호하다, 변호하다

과거분사

- simply **put** 간단히 말해서
- well **put** 잘 말했어요
- to put it exactly 정확히 말해서

**Tip!**

- Simply put은 앞에 being이 생략된 분사구문으로 보면 된다. 문장 앞에 와서 문장 전체를 수식하는 부 사구로 주로 쓰인다.

## "말하다, 표현하다"

말이나 글로 표현하다

- To put it bluntly, the poor are getting poorer while the rich are getting richer.
  대놓고 말하자면, 가난한 이들은 더 가난해지고 있는 반면에 부자들은 더 부유해지고 있다.
- I have to deliver some bad news to my clients. How can I put it tactfully so they
  won't get upset? 고객들에게 나쁜 소식을 전해야 해. 어떻게 하면 고객이 화나지 않게 요령껏 말할 수 있을까?

## "넣다"

in과 함께 쓰인다

- The city council has put in a bid for some government funding. 시의회는 정부 기금에 입
  찰 들어갔다.
- I decided to put in a request for Australian citizenship. 나는 호주 시민권을 신청하기로 결정했다.

## "놓다, 가하다"

'얹어 주다'의 의미로 쓰인다

- Her family put great pressure on Alice to marry the rich man. 앨리스의 가족들은 부자와 결혼
  하라고 앨리스에게 엄청난 압박을 했다.
- The government refused to put limits on greenhouse gas emissions. 그 정부는 온실가스
  배출에 제한을 두는 것을 거부했다.

## "~게 말하자면"

과거분사로 쓰인다

- That statement, simply put, means Beijing might actually invade Taiwan.
  그 성명은 간단히 말하자면, 중국이 대만을 침공할지도 모른다는 뜻이다.
- Very well put, Mr. Gibbons. Now can you gave us some practical examples?
  아주 잘 말씀하셨습니다. 기본스 씨. 이제 실질적인 예를 좀 들어주시겠습니까?

Paul : Amy, is the Maxwell Project going well?

Amy : Hmm, I'm afraid not.

Paul : How so?

Amy : To put it bluntly, the officials in the government seemed to ask for some bribes.

Paul : I heard business culture is quite different in that the country, so I kinda saw it coming. What should we do?

Amy : I suggested to the management that we abort the project.

Paul : Well put, Amy. It's their government's loss if the project goes to naught.

Amy : I hope this case will put some pressure on the government to change their bad practices.

폴 : 에이미, 맥스웰 프로젝트는 잘돼가?

에이미 : 음, 아닌 것 같아.

폴 : 어쩌다가?

에이미 : 있는 그대로 말하자면, 정부 관료들이 뇌물을 요구하는 것 같아.

폴 : 그 나라의 기업 문화가 다르다고는 들었어. 그럴 것 같더라. 우린 어떻게 해야 해?

에이미 : 경영진한테 이 프로젝트를 중단하자고 건의했어.

폴 : 말 잘했어, 에이미. 이 프로젝트가 무효되면 그쪽 정부 손해지.

에이미 : 이 건이 그쪽 정부에 압력을 좀 가해서 나쁜 관행들을 바꾸었으면 좋겠어.

Put을 이용해서 다음 문장을 영어로 말해보세요.

**01**

메건은 대놓고 말하면 아주 독특해.

🗣 To put it crudely, Megan is one of a kind.

**02**

이번 사고에 대해 보험금을 청구하실 수 있습니다.

🗣 You can put in a claim on your insurance policy for your accident.

**03**

나는 목표를 달성하고 강한 팀을 구축하는 것을 강조하고 싶다.

🗣 I want to put an emphasis on meeting goals and building a strong team.

**04**

우리 회사에게 2023년은 좋게 말해서 도전이었다.

🗣 To my company, 2023 was a challenge, to put it mildly.

---

**NOTE!**

☐ Let's put it this way! 이렇게 말해봅시다 (화제를 바꿀 때 쓰는 표현)

☐ Put on airs 뽐내다, 잘난 척하다

밑줄 친 부분에 들어갈 알맞은 단어를 보기에서 찾아 채우세요.

보기

offer    burden    bluntly    simply    limits

1. _____ put, football is a "win" business.

2. The building had been empty for a while, so we put in a really low _____ but they took it.

3. Today, soaring tax bills have put the _____ on the poorest citizens.

4. To put it _____, the weak are the ones being bullied.

5. Federal securities laws put _____ on the trade of information.

 정답 ❶Simply ❷offer ❸burden ❹bluntly ❺limits

# Part 2
## 명사

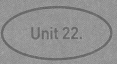

Unit 22.

# Home

| 명사 | 형용사 |
|---|---|
| ❶ 집, 가정 | ❶ 집의, 가정의 |
| ❷ 주택 | ❷ 국내의 |
| ❸ 시설, 거주지 | |
| ❹ 고향 | 부사 |
| | ❶ 집에, 집으로 |
| | ❷ 국내에 |

# HOME 1

- detached **home** 단독주택
- semi-detached **home** 이호연립주택
- single family **home** 한 가구 가정(주택)
- starter **home** 처음으로 장만한 집
- three-bedroom **home**
  침실이 3개인 집

- affordable **home** 저렴한 주택
- comfortable **home** 편안한 주택
- decent **home** 살기 괜찮은 주택
- luxurious **home** 호화 주택
- permanent **home** 영구 주택

**주택의 형태**

**주택의 속성**

**Home 1**

**가정**

**용도**

- caring / happy /
  loving **home** 아끼는 /
  행복한 / 사랑하는 가정
- safe / secure / supportive
  **home** 안전한 / 안전한 / 지탱해주는 가정
- broken **home** 결손 가정

- retirement **home**
  퇴직자 전용 주거
- nursing **home** 양로원
- foster **home** 위탁 가정
- charity **home** 자선 시설
- purpose-built **home** 특수 목적 거주지

Tip!

- native home 본향
- ancestral home 조상의 고향

- **homeowner** 자가주택자, 집주인
- **hometown** 고향
- **homeland** 고국
- **homemade** 집에서 만든
- **home cooking** 집에서 요리한
- **home grown** 집에서 직접 기른
- **homesick** 향수병에 걸린

**Home + α**

- **come / go / get / return home**
  집에 오다 / 집으로 가다 / 집에 도착하다 / 집에 돌아오다
- **bring / take ~ home**
  집으로 ~를 데려오다 / 데려가다
- **leave / run away from home**
  집을 떠나다 / 가출하다
- **buy / rent home**
  집을 사다 / 임대하다

**동사 + home**

**Home 2**

- **stay-at-home**
  mom / dad 전업 주부
- **a home from home**
  집 같은 곳
- **on the home front** 국내 소식부터
  전해드리면
- **home, sweet home** 즐거운 우리집

**그 외**

**at home**

- **be / feel / look at home**
  편안하다 / 편안히 느끼다 / 편안해 보이다
- **make yourself at home**
  편히 있으세요

---

**Tip!**

- crash pad 일시적으로 머무는 집, 주로 친구네 집  Let's crash at my pad. 우리 집에서 자고 가.
- crib 스타일리시하거나 호화로운 집을 일컫는 구어체 표현
- Man cave 남자들의 아지트 혹은 은신처

# STEP 1 HOME 3

Detached home / house
독립 주택

Semi-detached home / house
한쪽 벽면이 옆집과 붙어 있는 독립 주택

Townhouse
도시 주택

# STEP 1 HOME vs. HOUSE

Physical Building
(i.e. bedrooms, kitchen, living room)

| House | Home |
|---|---|
| 건물로서의 집, 물리적 존재로서의 집 | 가장 편한 곳, 내가 사는 공간으로서의 의미 |
|  • I bought a house last month. <br> • Jay's house is beautiful. <br> • He is decorating his house. |  • I arrived home late last night. <br> • Amber is at home now. <br> • Are you going home? |

## "주택의 형태"

가족이 함께 사는 주택이라는 의미의 home

- Many of the homes were affordable starter homes which are largely unfurnished to cut down costs. 그 주택의 다수는 비용을 줄이기 위해 대체로 가구가 완비되지 않은 저렴한 첫 자가 소유자용 집이었다.
- We live in a three-bedroom detached house in the suburbs. 우리는 교외의 침실 세 개짜리 단독주택에 산다.

## "주택의 속성"

Home 앞에 자주 쓰이는 형용사들

- As parents, you have a responsibility to provide a decent home for your children. 부모로서 당신들은 자녀들을 위해 살 만한 집을 제공할 책임이 있다.
- He was a seaman to the bone; the ship was a permanent home for him. 그는 뼛속까지 뱃사람이었다. 그에게는 그 배가 영원한 집이었다.

## "Home + something"

Home이 들어가는 복합명사

- Stereotyping is an issue for stay-at-home dads, who sometimes prefer not to tell others about their situations. 스테레오 타입화하는 일이 전업주부인 아빠들에게는 하나의 문제다. 그래서 이들은 때로 다른 사람들에게 자신의 상황에 대해 말하는 것을 선호하지 않는다.
- I get really homesick and miss my family, but I've got friends here. 나는 향수병에 걸렸고 내 가족이 보고 싶다. 하지만 여기에는 친구들이 있다.

## "용도"

시설, 특별 목적의 주거지

- Lacey had to go to the foster home because she couldn't get along with her stepfather. 레이시는 계부와 잘 지낼 수가 없어서 위탁 가정으로 가야 했다.
- My sister won't agree to our mother going into a nursing home. 언니는 엄마를 양로원에 보내는 데 동의하려 하지 않는다.

Brian : Hey, I'm buying a house.

Anna : Are you buying one? Instead of renting?

Brian : Yeah, I'll be a homeowner.

Anna : But you're single. Are you planning to get married soon?

Brian : Yes, I'm single, and no, I have no marriage plans yet.

Anna : Isn't it more convenient to live in a downtown apartment building?

Brian : Yes, but I've wanted to have a detached house with a garden for a long time.

Anna : Well, I grew up in a suburban area before I went to college, and oh, how I hate gardening and nosy neighbors.

브라이언 : 저기, 난 집을 사려고 해.

애나 : 진짜? 임대하는 대신에?

브라이언 : 응, 집주인이 될 거야.

애나 : 하지만 넌 싱글이잖아. 곧 결혼 계획이 있는 거야?

브라이언 : 응, 싱글이지, 그리고 아니, 아직 결혼 계획은 없어.

애나 : 시내 아파트 건물에 사는 것이 더 편하지 않아?

브라이언 : 응, 그렇지만 나는 오랫동안 정원이 있는 단독주택을 갖고 싶었어.

애나 : 음, 나는 대학 가기 전에 교외 지역에서 자랐는데, 정원일과 참견쟁이 이웃들이 얼마나 싫던지!

Home과 다음 문장을 영어로 말해보세요.

**01**

그 무지한 선생님은 한부모 가정을 결손 가정이라고 표현했다.

🔊 The ignorant teacher referred to a single parent home as "broken."

**02**

지역 주민들은 시 당국이 자기들 동네에 특수 목적의 거주지를 건축하는 것을 강하게 반대하고 있다.

🔊 The local residents are strongly against the city's plan to build a purpose-built home in their community.

**03**

나는 이호연립주택에 살아본 적이 있다. 이웃 소음은 층간 소음만 있는 게 아냐. 벽간 소음도 장난 아니야.

🔊 I have lived in a semi-detached house before. Neighbor noises are not just the ones between floors; the ones between walls are awful, too.

**04**

호세는 사랑의 집 짓기 운동에 대해 듣고는 가족들을 위한 살 만한 집을 꿈꿨다.

🔊 Jose heard about Habitat for Humanity and dreamed of a decent home for his family.

**NOTE!**

☐ The lights are on, but nobody's home. 머리가 비었다.(사람에게 쓰는 표현)

# EXERCISE 2

밑줄 친 부분에 들어갈 알맞은 단어를 보기에서 찾아 채우세요.

보기

charity   grown   ran   homemade   starter   made

1. I think two-bedroom apartments are good for _____ homes.

2. After living on the streets for years, he ended up in a _____ home.

3. Kelley _____ away from home and learned more about life than in all three years of high school combined.(*고등학교 3년을 합친 것보다 더 많이 인생에 대해 배웠다.)

4. The taste and flavor of home _____ peas are excellent.

5. The burglar _____ himself at home in the couple's house while they were away on vacation.

6. People lit up when she offered them her _____ cookies.(*lit up=얼굴이 밝아졌다)

정답  ❶starter ❷charity ❸ran ❹grown ❺made ❻homemade

# Relationship

**❶** (일반적인 어떤 사이를 지칭하는) 관계

**❷** 사귀는 사이

# RELATIONSHIP 1

- **ask** somebody **out** 누군가에게 데이트 신청을 하다
- **go out with** somebody ~와 데이트하다
- **date** somebody ~와 데이트하다
- **chat** somebody **up** 작업하다
- **hit on** somebody 작업을 걸다. 좋아하는 마음을 표현하다
- **lead** somebody **on** ~를 꼬시다
- **keep** somebody **on the hook** ~를 어장에 넣고 관리하다
- **make a move on** somebody 수작 걸다. 진도를 나가다

- **cheat on** somebody ~를 두고 바람을 피우다
- **stand** somebody **up** ~를 바람 맞히다
- **turn** somebody **down** 거절하다
- **break up** 헤어지다
- **play hard to get** 비싸게 굴다

다가가다

받아들이지 않다

**Relationship 1**

이성을 좋아하다

호칭

- **have a crush on** somebody ~에 홀딱 반하다
- **be heads over heel for** somebody ~에게 푹 빠지다
- **have good game** (got game) (여자를) 유혹하고 작업하는 기술이 뛰어나다
- **make eyes at somebody** 좋아서 누군가를 물끄러미 쳐다보다

- **baby, babe** 베이비
- **boo** 중요한 파트너를 부르는 최근 호칭
- **bae** before anyone else의 줄임말로 '그 누구보다 중요한 사람'이란 뜻
- **snuggle bug** 껴안고 있기 좋은 사람
- **significant other / S.O.** 파트너

## 관계가 시작되는 단계의 표현들

- A girl asked me out yesterday. 어제 여자애가 나한테 데이트 신청을 했어!
- She was always in search of someone better but kept me on the hook.
  그 여자는 늘 더 나은 사람을 찾으면서 나를 계속 어장관리를 했다.

## "받아들이지 않다"

### 관계가 불발되거나 끝나거나

- My boyfriend cheated on me, but I'm still with him. 내 남자 친구가 바람을 피웠지만 나는 아직
  도 그와 사귀고 있다.
- A man who took a woman out on a date has asked for 50 dollars after she
  turned him down for a second date. 여자와 데이트한 남자는 여자가 두 번째 데이트를 거절하자
  50달러를 물어내라고 요구했다.

## "이성을 좋아하다"

### 끌리다, 마음에 두다

- I have such a big crush on Lacey. I can't walk straight when I see her.
  나는 레이시한테 완전히 반했어. 그 애를 보면 제대로 걸을 수가 없어.
- Well, Dan's got game with women. 댄은 여자들을 잘 꼬셔.

## "호칭"

### 연인 혹은 파트너를 부르는 표현들

- Do you have a significant other in your life? 당신은 인생 파트너가 있나요?
- My sister has been seeing her new boyfriend for a few months now, and she
  already calls him her Bae. They seem really happy together! 언니는 새 남친과 사귄 지 이
  제 몇 달 되었는데 벌써 남친을 Bae라고 불러. 둘이 아주 행복해 보여.

151

# RELATIONSHIP 2

- have chemistry with somebody
  ~와 궁합이 잘 맞다
- hit it off 죽이 잘 맞다
- just clicked 통했어
- be an item 커플이다
- be meant for each other 천생연분이다

**잘 어울린다**

- be engaged 약혼하다
- pop the question 결혼 신청을 하다
- ask for her hand 결혼 신청을 하다
  - tie the knot 결혼하다
  - walk down the aisle 결혼하다
  - marry for love 연애 결혼을 하다

**공식적인 관계**

**Relationship 2**

**결혼 여부 (marital status)**

- single 싱글인
  (Cf. never married single)
- married 유부인
- divorced 이혼한
- separated 별거 중인
- windowed 사별한

**관계 설정**

- in a relationship 만나는 사람 있음
- It's complicated 복잡함
- in an open relationship 개방된 관계
- in a civil union 동반자 관계
- in a domestic partnership 동거 중
  (Cf. cohabitation, live together, move in)

**Tip!**

- open realtionship은 페이스북의 관계 표시 옵션 중 하나로, 한국어로는 '자유로운 연애 중'이라고 번역되지만 실제 뜻은 파트너 두 사람이 서로의 동의하에 다른 사람과도 자유롭게 만나는 관계를 의미한다. 결혼한 커플이 그런 관계를 맺을 경우 open marriage라고 한다.

- pop the question에서 the는 '디'로 발음한다.

## "잘 어울린다"

두 사람 사이에 불꽃이 튄다

- Ron and I first met at a party, and we hit it off right away. 론과 나는 어느 파티에서 만났는데 만나자마자 불타 올랐어.
- Gordon believed that Lauren and he were meant for each other. 고든은 자신과 로렌이 천생연분이라고 믿었다.

## "공식적인 관계"

약혼하거나 결혼하거나

- Just thinking of you walking down the aisle makes me cry. 네가 결혼하는 모습을 생각만 해도 눈물이 나.
- It was rare for a man and a woman to marry for love at that time. All marriages were arranged. 그 당시에는 남녀가 사랑해서 결혼하는 일은 드물었다. 모든 결혼은 중매 결혼이었다.

## "결혼 여부"

서류에 보통 기재할 때

- They are free to date other people while separated. 별거 중일 때는 자유롭게 다른 이들과 데이트할 수 있다.
- The average number of children for never-married singles has decreased. 비혼 독신의 평균 자녀 수가 감소했다.

## "관계 설정"

페이스북에서의 관계 설정

- Eric and Meg decided to live together. Eric is moving into Meg's place. 에릭과 메그는 동거하기로 했다. 에릭은 메그의 집으로 들어가게 되었다.
- The couple is in an open relationship, so they can date other people. 그 커플은 개방된 관계라서 다른 사람과 데이트를 할 수 있다.

Eve : How are things going with Ian?

Helen : Hmm, I don't know. We've dated just three times so far. Why?

Eve : The thing is, do you know if he is single?

Helen : He said he is separated.

Eve : Hmm, I came across his photos with his wife on Facebook the other day, and they seemed to be getting along.

Helen : Can I see the photos?

Eve : Here! See? Ian is holding this woman called Joan from behind like a couple.

Helen : Gee! She's not his separated wife. His wife's name is Rose. He's been cheating on me!

---

이브 : 이안이랑은 잘돼가?

헬렌 : 음, 모르겠어. 지금까지 데이트를 세 번밖에 하지 못했어. 왜?

이브 : 실은 혹시 그 사람이 싱글인지 아닌지 알아?

헬렌 : 별거 중이라고 했어.

이브 : 어, 내가 지난번에 페이스북에서 이안이 아내와 찍은 사진을 우연히 봤는데 둘이 사이가 좋아 보이더라고.

헬렌 : 그 사진들 좀 볼 수 있을까?

이브 : 여기. 보여? 조앤이라는 이 여자를 마치 커플처럼 뒤에서 안아주고 있잖아.

헬렌 : 이런! 그 여자는 별거 중인 아내가 아냐. 아내 이름은 로즈야. 이안은 바람을 피우고 있었어!

Relationship과 관련된 다음 문장을 영어로 말해보세요.

**01**

로라는 나를 또 바람 맞췄다.

🔊 Laura stood me up again.

**02**

테드와 지나는 약혼한 사이다. 둘은 3개월 뒤에 결혼하기로 되어 있다.

🔊 Ted and Gina are engaged. They are getting married in three months.

**03**

폴과 엠마는 천생연분이다. 만난 순간부터 눈이 맞아서 이후 쭉 붙어 지냈다.

🔊 Paul and Emma are made for each other. The two hit it off right away and have been close to each other ever since.

**04**

데이비드와 다나는 커플이다. 둘이 함께 있는 모습이 자주 목격된다.

🔊 David and Dana are an item. The two are frequently seen together.

**NOTE!**

☐ **on the rocks** 어떤 커플의 관계가 좋지 않을 때 쓴다.

 Karen and Steve's marriage is on the rocks.

☐ **Something's going on between A and B** A와 B는 썸 타고 있어

# EXERCISE 2

밑줄 친 부분에 들어갈 알맞은 단어를 보기에서 찾아 채우세요.

보기

open    question    hook    play    game

1. Pete is not ready to pop the _____. He's saving money to buy a diamond ring for Jennifer.(*프러포즈하다는 뜻의 숙어로, 이때 the는 '디'로 발음한다.)

2. Amy has kept me on the _____ for years, always hinting at a serious relationship but never committing.

3. Will's got _____. It's so easy for him to pick up girls in clubs.

4. I don't believe in an _____ relationship. If I'm with someone, it should be he and me alone.

5. I don't _____ hard to get. You're just not my type.

정답   ❶question  ❷hook  ❸game  ❹open  ❺play

# School

1 학교

2 파, 학파

3 무리(물고기 등)

4 훈련하다, 교육하다(동사)

- enter / start **school** 학교에 입학하다, 학교를 시작하다
- attend / go to **school** 학교에 다니다
- finish / leave **school** 학교를 마치다, 떠나다
- drop out of **school** 중퇴하다
- be booted out of / be expelled from / be kicked out of **school** 학교에서 쫓겨나다

**동사 + school**

- primary / secondary **school** 초등학교 / 중등학교
- private / grammar **school** 사립학교 / 명문 기숙학교(영국)
- public / state **school** 공립 학교(미국, 영국)
- preparatory **school** 대입 대비 학교 (인문계 고등학교)
- coeducational **school** (=co-ed school) 남녀공학

**형용사 + school**

**School**

- language **school** 랭귀지 스쿨
- law / management **school** 법대 / 경영 스쿨
- Sunday **school** 주일 학교
- graduate **school** 대학원
- music **school** 음악 학교
- night **school** 야간 학교

**명사 + school**

**school + 명사**

- **school** age 학령 연령
- **school** curriculum / prospectus 학교 교과 과정 / 학교 요람
- **school** district 교육구
- **school** night 다음날 학교에 가야 하는 전날 저녁

**Tip!**

- school night는 다음날 학교에 가야 해서 밤에 외출을 하지 못할 때 쓰는 표현이다.

## "동사 + school"

school과 자주 쓰이는 동사들

- Steve Bartlett said, "I was kicked out of school at 17, but at 26 my company employs 700 people." "나는 열일곱 살에 학교에서 쫓겨났다. 하지만 스물여섯 살에 내 회사는 700명을 고용하고 있다"라고 스티브 바틀렛이 말했다.
- Nearly 8 out of 100 black males in the US have dropped out of school.
  미국에서는 100명의 흑인 남자 중 거의 8명이 학교를 그만둔다.

## "형용사 + school"

school과 자주 쓰이는 형용사들

- Teaching mathematics in urban secondary schools is quite a demanding job.
  도시 중등학교에서 수학을 가르치는 것은 굉장히 힘든 일이다.
- People change, especially once they leave the rather sheltered environment of a preparatory school and enter university. 사람은 변한다. 특히 온실 같았던 인문계 고등학교를 떠나 대학에 들어가면 변한다.

## "명사 + school"

school 앞에서 형용사처럼 쓰이는 명사들

- Alex is studying photography at night school. 알렉스는 야간 학교에서 사진을 공부하고 있다.
- Alice taught in that Sunday school class for twenty years. 앨리스는 그 주일 학교에서 20년 동안 가르쳤다.

## "school + 명사"

school의 수식을 받는 명사들

- Many teenagers are not getting the recommended hours of sleep they need on school nights. 많은 십대들이 학교 수업 전날 밤에 권장되는 시간의 수면을 취하지 않고 있다.
- Most of the children in my neighborhood are below school age.
  우리 동네 아이들은 대부분 취학 전 연령대이다.

Leo : So, do you have school-age children?

Sarah : Yes, but they are homeschooled. My family is travelling all around the US and Europe in a converted bus.

Leo : Oh, are you going to homeschool them until high school?

Sarah : No, my husband and I are thinking about settling down in one place in two years so my kids can start secondary school.

Leo : Where do you want to get settled down?

Sarah : Seattle, I guess? The city seems to be one of the best places to raise kids in the US.

Leo : I can't agree more. The average number of kids per family is more than three in the city.

Sarah : On top of that, I love the lifestyle there, a bit away from the mainstream culture.

레오 : 음, 학령기 자녀가 있나요?

사라 : 네, 하지만 홈스쿨하고 있어요. 우리 가족은 개조한 버스를 타고 미국과 유럽 전역을 여행 중이어서요.

레오 : 어, 고등학교까지 아이들을 홈스쿨링하실 작정인가요?

사라 : 아뇨, 남편과 나는 아이들이 중등학교를 시작하도록 2년 뒤에는 한 곳에 정착할 생각이에요.

레오 : 어디에 정착하실 생각이에요?

사라 : 아마도 시애틀요? 그 도시가 미국에서 아이를 키우기에 가장 좋은 곳 중 하나 같아요.

레오 : 완전히 동감이에요. 그 도시에서는 가구 당 평균 자녀수가 세 명이에요.

사라 : 거기다가, 나는 주류 문화에서 다소 동떨어진 그곳의 라이프스타일이 좋아요.

School과 관련된 다음 문장을 영어로 말해보세요.

**01**

그는 나중에 아내가 될 여자를 법대에서 만났다.

🗣 He met his future wife at law school.

**02**

부잣집 아이들만 저 사립 기숙 학교를 다닐 수 있다.

🗣 Only rich kids can go to the private boarding school.

**03**

내일 학교에 가야 해서 그레이스는 오늘 저녁 그 파티에 갈 수 없어.

🗣 Because it's a school night, Grace can't go to the party tonight.

**04**

학교를 중퇴하면 비숙련 노동자로 최저 임금을 벌며 살아야 한다.

🗣 If you drop out of school, you'll get to live as an unskilled worker, earning minimum wage.

NOTE!

☐ Put on one's thinking cap 진지하게 생각하다

☐ Play hooky 학교 수업을 무단으로 빼먹다, 땡땡이 치다

밑줄 친 부분에 들어갈 알맞은 단어를 보기에서 찾아 채우세요.

보기

curriculum   co-ed   graduate   language   finish

1. Heather decided to _____ school early and start her own business.

2. Karen's parents don't like _____ schools, so they sent her to a single-sex Catholic school.

3. Try those _____ schools certified by the EU. The make sure that you reach a certain level of English in a few months.

4. Teachers feel that the current _____ limits their ability to teach children from multicultural backgrounds.

5. You can't properly study that area in college. Go to a _____ school if you want to pursue the inquiry.(*그 탐구를 하고 싶다면)

정답   ❶finish   ❷co-ed   ❸language   ❹curriculum   ❺graduate

# Work

❶ 일

❷ 업무

❸ 직장

# WORK

- hard / back-breaking / challenging / demanding / grueling / tough **work** 힘든 일
- labor-intensive **work** 노동 집약적인 일
- monotonous / humdrum / tedious **work** 지루한 일
- Individual / group / collaborative **work** 개인 / 그룹 / 협동 작업
- skilled / unskilled **work** 숙련 / 비숙련 작업

- **work** hard / steadily / around the clock 열심히 / 꾸준히 / 하루 종일 일하다
- **work** twenty-four-seven(24/7) 늘 일하다
- **work** full-time / part-time / overtime 전업으로 / 파트 타임으로 일하다 / 야근하다
- **work** closely / collaboratively / efficiently 밀접하게 / 협력해서 / 효율적으로 일하다

**형용사 +
work**

**work +
부사**

**Work**

**전치사 +
work**

**동사 +
work**

- at **work** 근무 중
- off **work** 휴무 중
- out of **work** 실직 중

- have **work** (to do) 일이 있다
- look for / find / get **work** 일을 찾다 / 얻다
- go to / get to **work** 출근하다
- start / finish / knock off **work** 일을 시작하다 / 끝내다 / 중단하다

**Tip!**

- hard는 형용사로 '딱딱한', 부사로 '열심히'라는 뜻으로 쓰인다. hardly는 '거의 ~않다'라는 부정의 부사로 쓰인다.

## "형용사 + work"

work와 자주 쓰이는 형용사들

- In the concentration camp, all the captives did the backbreaking work of digging a mine. 그 포로 수용소에서 모든 포로들은 광산을 채굴하는 혹독한 노동을 했다.
- A lot of fairy tale characters are told to do the tedious work of sorting grains. 많은 동화 주인공들이 곡물을 분류하는 단조로운 일을 한다.

## "work + 부사"

동사 work와 자주 쓰이는 부사들

- The customer support team is available to assist you with any issues, as they work 24/7. 그 고객 지원팀은 항시 일하기 때문에 어떤 문제든 지원해줄 수 있다.
- Some NGO workers work closely with illegal immigrants to make sure their basic human rights are respected. 몇몇 비정부단체 직원들은 인간의 기본권이 반드시 존중 받도록 하기 위해 불법 이민자들과 밀접한 관계 속에서 일한다.

## "전치사 + work"

전치사구가 하나의 관용어처럼 쓰이는 경우

- Fewer and fewer mothers are off work to take care of their children. 자녀를 돌보기 위해 휴직을 하는 엄마들이 줄고 있다.
- He has been out of work for decades now. You cannot make him work nine to five. 그는 실직 상태로 수십 년째야. 정시 출퇴근을 하게 만들 수 없어.

## "동사 + work"

동사의 목적어로 쓰이는 work

- As soon as I knock off work, I'm heading straight to the gym. 일 끝나자마자 곧장 헬스클럽에 갈 거야.
- The teenager was told to go find work and earn his own tuition. 그 십대 소년은 나가서 일을 찾아보고 등록금을 벌라는 말을 들었다.

Dave : Oh, this is the last place I expected to see you!

Emma : Huh? Anybody can enter a club to dance on weekends!

Dave : Yes, but you don't look like someone who enjoys clubbing.

Emma : Oh, what do I look like, then?

Dave : Hmm, like a workaholic? I meant no offence, though.

Emma : No offense taken. I've recently decided to take some time off work.

Dave : What brought about the change?

Emma : One of my friends from high school dropped dead last month. She was climbing the corporate ladder as the youngest director in the company's history.

---

데이브 : 와, 여기서 당신을 볼 줄은 몰랐네!

엠마 : 뭐라고? 누구나 주말에 클럽에 춤추러 올 수 있는데!

데이브 : 그렇지, 하지만 당신은 클럽에 드나드는 걸 즐기는 사람처럼 생기지 않아서 말야.

엠마 : 그럼 나는 어떻게 생겼는데?

데이브 : 음, 일중독자처럼? 뭐, 기분 나쁘라고 하는 소리는 아냐.

엠마 : 기분 나쁘게 듣지 않았어. 나는 최근에 좀 쉬기로 했어.

데이브 : 무엇 때문에 변한 건데?

엠마 : 고등학교 동창 중 한 명이 지난달에 갑자기 죽었거든. 그 회사 역사상 최연소 이사로 승진의 사다리를 올라가고 있었는데 말야.

Work와 관련된 다음 문장을 영어로 말해보세요.

**01**

나는 다음주에 매일 야근해야 해.

🔊 I have to work overtime every day next week.

**02**

걸음마 하는 아이 셋을 돌보는 일이 얼마나 힘든지 넌 전혀 모른다.

🔊 You have no idea how demanding it is to take care of three toddlers.

**03**

대학에 가지 않으면 비숙련 노동자로 이 일 저 일을 하며 떠돌며 살게 돼.

🔊 If you don't go to college, you may end up living from job to job as an unskilled worker.

**04**

그는 매일 차를 몰고 8시 반에 출근한다.

🔊 He drives to work at 8:30 every day.

---

**NOTE!**

| Working (work) hours 근무 시간 | Office hours 근무 시간 |
|---|---|
| Business hours 영업 시간 | Hours 영업 시간 |

☐ What are your hours? 영업 시간이 어떻게 되나요?

☐ Five-day workweek 주 5일 근무제

밑줄 친 부분에 들어갈 알맞은 단어를 보기에서 찾아 채우세요.

보기

efficiently    collaboratively    24/7    knock off    out of work

1. Jerome has been working _____ without a break since he started up a business.

2. I tend to work more _____ on my own. I'm not a good team player.

3. If robots replace human laborers, will humans be _____ ?

4. You need to learn to work _____ with other artists on the project.

5. After a long and tiring day, Sarah is excited to _____ work at 5 pm and enjoy the evening with her family.

정답    ❶24/7   ❷efficiently   ❸out of work   ❹collaboratively   ❺knock off

# OFFICE

- email messages 이메일 메시지
- write / send / drop somebody an email 이메일을 ~에게 쓰다 / 보내다
- reply to / respond to / check email 이메일에 답신하다 / 이메일을 확인하다
- attach sth to the email 이메일에 ~을 첨부하다
- Attached to this email (is...) 이 이메일에 첨부된 것은…
- email somebody the document 이메일로 문서를 보내다

- annual / biannual / biennial / triennial / monthly / quarterly / weekly meeting 연례 / 연 2회의 / 2년에 한 번 / 3년에 한 번 / 월례 / 분기별 / 매주 회의
- international / European / national / regional meeting 국제 / 유럽 / 전국 / 지역 회의
- board / cabinet / committee / council / departmental / shareholders' / family / staff meeting 이사회 / 내각 회의 / 위원 회의 / 의원 회의 / 부서별 회의 / 주주 총회 / 가족 회의 / 임직원 회의

**이메일**　　**미팅 ❶**

## Office

**미팅 ❷**　　**관리자**

- have / hold / arrange / call / convene / organize / schedule a meeting 회의를 하다 / 열다 / 주선하다 / 소집하다 / 주최하다 / 회의 일정을 잡다
- adjourn / postpone / call off / cancel a meeting 회의를 휴회하다 / 연기하다 / 취소하다 / 취소하다
- in a meeting 회의 중
  Cf meet with ~와 공식적으로 만나다

- assistant / senior / general manager 대리 / 차장 / 총지배인
- departmental / project / divisional manager 부서장 / PM / 지부장
- promote somebody to manager 관리직으로 ~를 승진시키다
- be made manager 관리자로 승진하다 (manager 앞 관사 없음에 주의)

email과 자주 쓰이는 표현들

- Please email me on Monday or Tuesday of next week with the requested data.
  다음주 월요일이나 화요일에 요청 드린 데이터를 저에게 이메일로 보내주세요.
- Attached to this email are my cover letter and resume.
  제 자기소개서와 이력서가 이 이메일에 첨부되어 있습니다.

"미팅 ❶"

meeting 앞에 자주 쓰이는 형용사들

- Due to our monthly staff meeting, the branches in Chicago will open at 9:30 am today. 월례 임직원 회의로 인해 시카고 지점은 오늘 아침 9시 반에 오픈합니다.
- Please note that the board meeting will take place via Webex Livestream.
  이사회는 웹엑스 라이브스트림을 통해 열린다는 점에 주목해주세요.

"미팅 ❷"

meeting과 자주 쓰이는 동사들

- The new mayor arranged a meeting with a group of local business owners.
  새로운 시장은 지역 사업주들과 미팅을 잡았다.
- My supervisor usually calls a meeting at short notice.
  우리 상사는 대개 회의를 진작에 예고하지 않고 급하게 소집해.

"관리자"

manager와 자주 쓰이는 표현들

- Charles was promoted to the manager of the company's overseas sales.
  찰스는 그 회사의 해외영업 담당 과장으로 승진했다.
- Salaries jump to about 250,000 dollars for the most senior managers.
  연봉은 대부분의 고참 관리자들의 경우 약 25만 달러 정도로 뛴다.

Tracy : Our client wants to reschedule the meeting.

Paul : Did they say why?

Tracy : They say the city announced a new policy on building renovations yesterday, and they need to modify their plans based on it.

Paul : Hmm, when are they looking at for the meeting then?

Tracy : Actually, they gave several dates for us to pick. 14$^{th}$, 20$^{th}$, 22$^{nd}$.

Paul : It'll be too late if we meet after the 20$^{th}$. It should be the 14$^{th}$ or the 20$^{th}$.

Tracy : Our quarterly staff meeting is scheduled for the 14$^{th}$.

Paul : Let's make it on the 20$^{th}$, then.

---

트레이시 : 우리 고객이 회의 날짜를 조정하기를 원해요.

폴 : 이유가 뭐래요?

트레이시 : 어제 시 당국이 건물 개조에 대해서 새로운 정책을 발표했대요. 그래서 그에 근거해서 계획을 수정해야 한다고요.

폴 : 음, 그렇다면 회의를 언제로 하재요?

트레이시 : 사실 우리한테 고르라고 날짜 몇 개를 줬어요. 14일, 20일, 22일요.

폴 : 20일 이후에 만나면 너무 늦어요. 14일이나 20일이어야 해요.

트레이시 : 우리 분기별 임직원 회의가 14일에 잡혀 있어요.

폴 : 그럼 20일로 합시다.

Office와 관련된 다음 문장을 영어로 말해보세요.

**01**

난 퇴근하기 전에 이메일 몇 개를 보내야 해.

🔊 I have to send a few emails before I leave for the day.

**02**

우리 고객이 마지막 순간에 미팅을 취소했다.

🔊 Our client cancelled the meeting at the last minute.

**03**

다음 회의는 10월 20일로 예정되어 있다.

🔊 The next meeting is scheduled for October 20th.

**04**

에이미는 지난 달 입사 12년 만에 관리자로 승진했다.

🔊 Amy was made manager last month after 12 years with the company.

**NOTE!**

Minutes(of a meeting) 회의록

☐ Take minutes  회의록을 작성하다

☐ What's on today's meeting agenda? 오늘 회의 안건은 뭐예요?

# EXERCISE 2

밑줄 친 부분에 들어갈 알맞은 단어를 보기에서 찾아 채우세요.

**보기**

promotion    attached    biennial    adjourn    regional

1. Please check the _____ documents for detailed figures.(*구체적인 수치는 첨부 문서를 참조해 주세요.)

2. Next month in Singapore, our _____ HR directors will be meeting to discuss diversity issues in recruitment.

3. The directors decided to _____ the meeting until the finance director comes back with the report.

4. They won't give you a _____ until you make $ 40,000 in sales per month.

5. The international conference is _____ , so we can't visit London next year.

정답   ❶attached  ❷regional  ❸adjourn  ❹promotion  ❺biennial

# Travel

❶ 여행

❷ 여행하다

❸ 이동하다

- **travel** extensively / far and wide / widely 두루두루 여행하다
- **travel** abroad / internationally / overseas 해외여행하다
- **travel** alone / freely / regularly 혼자 / 자유롭게 / 정기적으로 여행하다
- **travel** light 가볍게(짐을 적게 들고) 여행하다
- **travel** on a budget 저렴하게 잘 여행하다 (**Ex** budget hotel)

- air / bus / car / sea / train **travel** 비행기 / 버스 / 자동차 / 배 / 기차 여행
- long-distance / one-day **travel** 장거리 / 당일치기 여행(day tripper - 영국영어)
- leisure / business **travel** 쉬는 여행 / 출장
- budget **travel** 저렴하게 잘하는 여행
- space / time **travel** 우주 / 시간 여행

**Travel + 부사**

**형용사 + travel(trip)**

**Travel**

**Travel + 명사**

**그 외**

- **travel** agency / industry 여행사 / 여행업계
- **travel** costs / expenses / plans / documents 여행 비용 / 여행 비용 / 계획 / 서류
- **travel** itinerary 여행 일정표
- **travel** destination 여행지
- **travel** writer / photographer 여행 작가 / 여행 사진가

- take the road less **traveled** 사람들이 잘 다니지 않는 길로 가다 / 사람들이 많이 하지 않는 일을 하다
- **travel** in time 시간 여행을 하다
- **Bon voyage!** 여행 잘하세요!

동사 travel과 자주 쓰이는 부사들

- From 1892 to 1902, he travelled widely throughout Europe.

  1892년부터 1902년까지 그는 유럽 전역을 두루두루 여행했다.

- She travels light, dresses simply and has a graceful, easy way.

  그녀는 짐을 별로 갖지 않고 여행하고, 옷을 단순하게 입고, 우아하고 편한 태도를 지녔다.

명사 travel 앞에 자주 쓰이는 형용사와 형용사로 쓰이는 명사들

- It's important to make plans in advance if you want a trip on a budget.

  저렴하게 잘 여행하기를 원한다면 미리 계획을 짜는 것이 중요하다.

- An acting career frequently requires long-distance travel.

  연기라는 직업에는 종종 장거리 여행이 필요하다.

Travel이 명사 앞에서 형용사처럼 쓰이는 용법

- This book established his reputation as a travel writer.

  이 책으로 그는 여행 작가로서의 입지를 굳혔다.

- You can get recommendations for popular destinations from travel agencies.

  여행사에서 인기 있는 여행지들을 추천 받을 수 있다.

- Go against the grain, refuse to conform, take the road less traveled instead of the well-beaten path.(Mandy Hale) 평범한 길 대신 사람들이 잘 가지 않는 길을 선택하라 (맨디 헤일)

- In the movie *Back to the Future*, Dr. Brown invents a car that can travel in time.

  영화 〈백 투 더 퓨처〉에서 브라운 박사는 시간 여행을 할 수 있는 차를 발명한다.

Dan : So, where have you travelled so far?

Nicole : Hmm, as a travel writer, I've travelled far and wide around the world.

Dan : Oh, I should change my question. Which destination impressed you the most?

Nicole : Of all the places I've visited, Salar de Uyuni in Bolivia just awed me.

Dan : Salar de Uyuni? A salt flat?

Nicole : Yeah, it's a wide-spread salt flat near Uyuni. If you go there at night, you can see the white salt flat mirrors the starry sky, and it's just beyond description.

Dan : Wow, imagining the scene is awesome enough! Doesn't it cost a lot to travel there?

Nicole : Hmm, if you choose the right season and plan ahead, you can enjoy a budget trip.

---

댄 : 어디까지 여행해봤어?

니콜 : 음, 여행 작가라서 난 세계를 두루두루 여행해봤어.

댄 : 아, 그러면 질문을 다시 해야겠네. 어느 곳이 가장 인상 깊었어?

니콜 : 내가 가본 곳들 중에서 볼리비아의 살라 드 우유니는 그저 놀라웠어.

댄 : 살라 드 우유니? 소금사막이야?

니콜 : 응, 우유니 근처에 넓게 펼쳐진 소금 평원이야. 밤에 가면 하얀 소금 바닥이 별이 빛나는 밤 하늘을 거울처럼 비추는 걸 볼 수 있어. 정말 말로는 다 표현할 수 없는 광경이야.

댄 : 와, 그 장면을 상상만 해도 멋지네! 거기로 여행 가려면 비용이 많이 들지 않아?

니콜 : 음, 맞는 시즌에 미리 계획을 하고 가면 저렴하게 여행을 즐길 수 있어.

Travel과 관련된 다음 문장을 영어로 말해보세요.

**01**

아이들과 함께 가볍게 짐 없이 여행하는 건 불가능해.

It's impossible to travel light with children.

**02**

우버 비자 카드는 비즈니스 여행에 좋다.

The Uber Visa Card is good for business travel.

**03**

필수적인 여행 서류들은 늘 지니고 있어야 한다.

You should always carry necessary travel documents with you.

**04**

시간 여행을 할 수 있다면 넌 무엇을 할래?

What would you do if you could travel in time?

**NOTE!**

- [ ] **journey** 여정(make a journey, go on a journey)
  - Ex Life's journey, spiritual journey

- [ ] **trip** 갔다기 돌아오는 여행(take a trip, go on a trip)

- [ ] **voyage**  배나 우주선을 타고 하는 오랜 여행

- [ ] **excursion** 짧은 여행(go on an excursion)

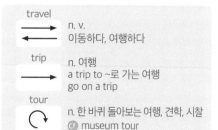

travel
n. v.
이동하다, 여행하다

trip
n. 여행
a trip to ~로 가는 여행
go on a trip

tour
n. 한 바퀴 돌아보는 여행, 견학, 시찰
cf museum tour

밑줄 친 부분에 들어갈 알맞은 단어를 보기에서 찾아 채우세요.

보기

one-day  itinerary  extensively  voyage  destination

1. He traveled _____ and prepared a lengthy report on Ukraine.

2. Ely is just a _____ trip travel destination from Cambridge.

3. A travel _____ is basically a travel plan.

4. Madagascar is truly a dream travel _____! Everything will be more than you can imagine.

5. Wiping his tears, Robin said, "Bom _____ back to London!"

정답  ❶extensively  ❷one-day  ❸itinerary  ❹destination  ❺voyage

# Shopping

① 쇼핑

❷ 쇼핑한 물건

- **shopping** center / mall / complex / district / street / destination / precinct 쇼핑 센터 / 쇼핑몰 / 쇼핑 단지 / 쇼핑가 / 쇼핑 여행지 / 쇼핑 전용 구역
- **shopping** list / cart / bag 쇼핑 리스트 / 쇼핑 카트 / 쇼핑백
- **shopping** spree / extravaganza / binge 흥청망청 쇼핑 / 사재기 쇼핑
- **shopping** platform / portal / hub 쇼핑 플랫폼 / 쇼핑 포털 사이트 / 쇼핑 허브

- mystery **shopping** 미스터리 쇼핑
- window **shopping** 아이 쇼핑
- comparison **shopping** 비교 쇼핑
- grocery **shopping** 식료품 쇼핑
- online **shopping** 온라인 쇼핑

**Shopping + 명사**

**명사 + shopping**

**Shopping**

**동사 + shopping**

**그 외**

- go **shopping** 쇼핑하러 가다
- binge **shopping** 사재기 쇼핑하다

- **Shop till you drop!** 실컷 쇼핑하세요!
- **shopaholic** 쇼핑 중독자
- **shop around** 둘러보며 쇼핑하다

**Tip!**

- retail therapy: 쇼핑으로 기분 전환을 모색하는 행위, 정식 심리 용어는 아니다.
- splurge: 자기 스스로를 대접하는 의미로 과소비하는 행위
- hit the shops=go shopping

## "Shopping + 명사"

명사 shopping이 다른 명사 앞에서 형용사처럼 쓰일 때

- Enjoy your shopping spree in Abu Dhabi, where all kinds of duty-free shops are available. 아부다비에서 마음껏 쇼핑을 즐기세요. 온갖 종류의 면세 상점들이 있답니다.
- Past London Bridge, you can walk to Hay's Galleria, a shopping precinct built over what used to be Hay's Dock. 런던 브리지를 지나 이전에 헤이즈 닥이었던 곳에 세워진 쇼핑 구역인 헤이즈 갤러리아로 걸어갈 수 있다. (**cf** a pedestrianized street for shopping)

## "명사 + shopping"

명사 shopping 앞에 자주 쓰이는 명사(형용사처럼 쓰이는 명사)

- Grocery shopping for one person is not as easy as shopping for a family of four. 1인용 식료품 쇼핑은 4인 가족 쇼핑만큼 쉽지 않다.
- I tend to do a lot of research before making purchases and do engage in comparison shopping most of the time. 나는 구매 전에 많은 조사를 하고 대부분의 경우 여러 상품과 비교하여 쇼핑하는 경향이 있다.

## "동사 + shopping"

Shopping 앞에서 자주 쓰이는 동사들

- I didn't want to waste my time to partying or binge shopping with the group. 나는 그 그룹과 파티를 하거나 사재기 쇼핑을 하느라 시간을 낭비하는 게 싫었다.
- Robin always did grocery shopping for the elderly in the same apartment building. 로빈은 늘 같은 아파트 건물의 노인들 식료품 쇼핑을 해주었다.

## 그 외

Shop 관련 표현들

- Spree is an online site that is truly a shopaholic's dream come true. 스프리는 정말이지 쇼핑 중독자의 꿈이 실현된 것 같은 온라인 사이트다.
- Hey, let me shop around a little bit first. We can talk over a cup of tea later. 저기, 돌아다니며 쇼핑 먼저 할게. 우리는 이따 차 마시며 얘기하면 돼

Sadie : Have you made your shopping list for Black Friday?

Rick : Hmm, not yet. I'm not that into binge shopping.

Sadie : But it is a good chance to buy something you've long wished to have like a Play Station. You can find the best prices.

Rick : Oh, that changes everything then.

Sadie : I knew you would say that!

Rick : Are we going to the Andale Center?

Sadie : What about the new shopping arcade they opened in Drayton last month? We can visit the restaurant street nearby after shopping.

Rick : Good! I've wanted to try the new Korean barbecue place there.

---

세이디 : 블랙 프라이데이 쇼핑 리스트 만들었어?

릭 : 음, 아니 아직. 몰아서 쇼핑하는 게 나는 별로라서.

세이디 : 하지만 플레이스테이션처럼 오랫동안 가지고 싶었던 물건을 살 수 있는 좋은 기회야. 제일 싸거든.

릭 : 음, 그렇다면 얘기가 달라지지.

세이디 : 그럴 줄 알았어.

릭 : 우리 안데일 센터에 갈 거야?

세이디 : 지난달에 드레이튼에 오픈한 새로운 쇼핑 아케이드는 어때? 쇼핑 끝나고 근처에 있는 식당가에도 갈 수 있어.

릭 : 좋아! 난 거기 새로 생긴 한국 식당에 가고 싶었어.

Shopping과 관련된 다음 문장을 영어로 말해보세요.

**01** 싱가포르는 세계에서 가장 유명한 쇼핑지 중 하나다.

Singapore is one of the most famous shopping destinations in the world.

**02** 어떻게 그 점원은 내가 미스터리 쇼퍼인 걸 알아냈지?

How did the clerk find out that I was a mystery shopper?

**03** 레이첼은 우울할 때면 마구잡이 쇼핑을 하는 경향이 있다.

Rachel tends to binge shop when she feels depressed.

**04** 처음 보는 신발을 사지 말고 먼저 돌아보시라.

Don't buy the first pair of shoes you see. Shop around first.

**NOTE!**

☐ That must have set you back a bit? 비싸게 주고 샀겠다.

☐ That's a rip-off 바가지야.

☐ Binge ~doing 마구 / 몰아서 ~하다
  - Binge watching, eating, drinking
  - Binge on something  binge on chocolate
  - Binge-play a game, A binge writer, Binge-listen to  binge-listen to a podcast

밑줄 친 부분에 들어갈 알맞은 단어를 보기에서 찾아 채우세요.

보기

| window | binge | drop | shopaholic | spree |

1. Margie and Nora became friends and soon went on a shopping _____ together.

2. Heather strolled around the street, enjoying _____ shopping.

3. Stop _____ shopping to curb your spending.

4. We are open from 9 am to 11pm. So shop until you _____ with us.

5. Emily is an incurable _____. She spends all the money she earns on fashion.

# Animal 1

❶ 짐승, 동물(명사)

❷ 동물적인(형용사)

- dead / live / living **animal** 죽은 / 살아 있는 동물
- cold-blooded / warm-blooded / higher / lower / stuffed **animal** 냉혈 / 온혈 / 고등 / 하등 / 박제 동물
- domestic / laboratory / marine / pack **animal** 가축 / 실험실 동물 / 해양 동물 / 무리 동물
- feral / stray / wild **animal** 돌아다니는 / 유기 동물 / 야생 동물

**형용사(명사) + animal**

**Animal 1**

**동사 + animal**

- have / keep an **animal** 동물이 있다 / 동물을 키우다
- breed / raise / rear an **animal** 동물을 키우다 / 사육하다 / 기르다
- tame / train an **animal** 동물을 길들이다 / 훈련시키다
- hunt / trap **animal** 동물을 사냥하다 / 함정으로 잡다
- butcher / slaughter an **animal** 동물을 도축하다

**animal + 명사**

- **animal** life / species 동물(총칭) / 동물 종
- **animal** behavior / instinct / experiment / test 동물 행동 / 본능 / 실험 / 실험
- **animal** rights / welfare 동물권 / 동물 복지
- **animal** kingdom 동물 왕국
- **animal** shelter 동물 보호소

**wildlife**

- conserve / preserve / protect / safeguard **wildlife** 야생동물을 보존하다 / 보호하다
- **wildlife** habitat / haven / reserve / sanctuary 야생동물 서식지 / 천국 / 보호 구역 / 보호 구역

**Tip!**

- certified humane eggs: 동물복지 계란
- pasture-raised / free-range eggs: 방사한 닭이 낳은 계란
- fertilized / fertile eggs: 유정란

## "형용사 + animal"

명사 animal과 자주 쓰이는 형용사

- The wolf is a pack animal. Wolves live and hunt together in well-organized groups. 늑대는 무리 동물이다. 늑대들은 잘 조직된 그룹 안에서 함께 살고 사냥한다.
- Feral cats and pet cats are the same species, but feral ones are not socialized to humans. 길고양이와 집고양이는 같은 종이다. 다만 길고양이는 인간에게 맞게 사회화 되지 않았다.

## "동사 + animal"

명사 animal 앞에 자주 쓰이는 동사

- Some dog breeders believe that if a dog's parents show an aptitude for a task, the puppies will as well. 몇몇 개 사육자들은 부모견들이 한 임무에 적성이 맞으면 그 강아지들 역시 그럴 거라고 믿는다.
- Watch out for people who butcher sick animals and sell them to make money. 돈을 벌기 위해 병든 동물을 도살해서 판매하는 이들을 조심하라.

## "animal + 명사"

Animal이 명사 앞에서 형용사처럼 쓰이는 용법

- Sometimes you need to follow your animal instinct. 때로는 당신의 동물적인 본능을 따라야 할 때가 있다.
- The animal rescue group is raising money to build an animal shelter. 그 동물 구조 단체는 동물 보호소를 짓기 위한 모금을 하고 있다.

## "wildlife"

Wildlife는 야생동물(생물)의 총칭

- Habitat corridors help preserve wildlife in the midst of human society. 생태 통로는 인간 사회 중간에서 야생동물을 지키는 데 도움이 된다.(*Habitat corridors=도굴로 인해 분리된 숲과 산을 이어주는 통로)
- 'Ungardening' is on the rise as more and more people are turning their backyards into a wildlife haven. 점점 더 많은 사람들이 뒷마당을 야생동물을 위한 천국으로 바꾸면서 '정원 되돌리기'가 증가하고 있다.

Aiden : Do you have a pet?

Millie : Hmm, I have two animal companions. I prefer to call them companions.

Aiden : Oh, it makes sense 'cause you share your life's journey with them.

Millie : Yeah, I can't imagine my life without them.

Aiden : What kind of animal companions do you keep?

Millie : Finn is a three-year-old Labrador, and Bella is a five-year-old Schnauzer.

Aiden : Both breeds are very energetic, aren't they?

Millie : You can say that again! They always make a big mess in the house, but they also bring me big happiness.

에이든 : 애완동물 있어?

밀리 : 음, 반려동물 두 마리가 있어. 나는 반려동물이라고 부르는 게 더 좋아.

에이든 : 아, 맞아, 네 삶의 여정을 그 동물들과 함께하니 말이 되네.

밀리 : 응, 나는 이 아이들이 없는 삶은 상상할 수가 없어.

에이든 : 어떤 반려동물을 키우는데?

밀리 : 핀은 세 살 된 래브라도이고, 벨리는 다섯 살 된 슈나우저야.

에이든 : 두 품종 다 아주 에너지가 넘칠 텐데, 안 그래?

밀리 : 내 말이! 늘 집 안을 엉망으로 만들지만 걔네들이 내게는 큰 기쁨을 줘.

Animal과 관련된 다음 문장을 영어로 말해보세요.

01
폴은 유기견 한 마리를 지난달에 입양했다.

🔊 Paul adopted a stray dog last month.

02
아론은 그 강아지를 집에서 살게 훈련시키기 시작했다.

🔊 Aaron began to house train (house break) the puppy.

03
동물의 왕국에서는 암컷들이 거의 무리의 리더가 아니다.

🔊 In many species within the animal kingdom, females are rarely leaders of the pack.

04
벨리즈에는 세계에서 유일한 재규어 보호 구역이 있다.

🔊 Belize has the world's only jaguar reserve.

**NOTE!**

☐ The dog ate my homework. 어린이가 숙제를 해오지 않았을 때 자주 하던 변명이라고 교사 와 교육가들이 주로 쓰던 말

☐ Curb your dog. 개를 통제하세요.
- Clean up after your dog. 개가 용변을 보면 뒤처리를 하세요.
- Keep your dog on the leash. 개를 끈에 묶어서 다니세요.
- well-housetrained 집 안에서 살게 훈련된
- well-housebroken 길들여진

밑줄 친 부분에 들어갈 알맞은 단어를 보기에서 찾아 채우세요.

보기

stuffed    hunt    sanctuary    humane    broken

1. My poodle is well house- _____.

2. The old mansion was scary; in its hallway _____ animals were displayed in rows.

3. You cannot _____ animals without a valid license.

4. These days, consumers are willing to pay more and buy certified _____ eggs.

5. A lot of koalas couldn't escape the fire, and hundreds of injured ones were brought to the animal _____.

# Animal 2

❶ 짐승, 동물(명사)

❷ 동물적인(형용사)

- **dog** bark / bay / growl / howl / pant / snarl / whine / yap / yelp 개가 짖다 / 짖다 / 으르렁거리다 / 울부짖다 / 헐떡거리다 / 이를 드러내며 으르렁거리다/ 낑낑거리다 / 강아지가 왈왈 짖다

- **dog** bite / lick / chew up / sniff / wag its tail / prick up its ears 개가 물다 / 핥다 / 씹다 / 냄새 맡다 / 꼬리를 흔들다 / 귀를 쫑긋 세우다

- walk / muzzle / neuter /put down a **dog** 개를 산책시키다 / 재갈을 씌우다 / 중성화시키다 / 안락사시키다

- seeing eye **dog** / service **dog** / drug-sniffing **dog** (sniffer **dog**) 맹도견 / 봉사견 / 마약탐지견

- **dog** breeder / **dog** handler 개 사육사 / 개 조련사

- nose work / pedigree / kennel / leash 노즈워크 / 족보 / 애견 호텔 / 개끈

**개** **개**

## Animal 2

**고양이** **고양이**

- long-haired / short-haired **cat** 장모종 / 단모종 고양이

- black / tabby / tortoiseshell **cat** 검은 / (줄무늬) 얼룩 / 얼룩 고양이

- tomcat / Cheshire **cat** 수고양이 / 체셔캣

- playful / sleek **cat** 장난꾸러기 / 매끈한 고양이

- **cat** hiss / mew / purr / spit / yowl 고양이가 하악질하다 / 야옹하다 / 가르랑거리다 / 침을 뱉다 / 울부짖다

- (**cat**) arch its back / cower / crouch / curl up / leap / pounce / spray 고양이가 몸을 활처럼 휘게 만들다 / 웅크리다 / 몸을 말다 / 뛰다 / 덮치다 / 영역 표시를 하다

- **cat** litter / litter box 고양이 화장실

**Tip!**

- 개에게 쓰는 명령어: sit / stay / heel / come / down / stand / leave it / fetch / roll over. 앉아 / 가만히 있어 / - / 이리 와 / 엎드려 / 일어서 / 내버려둬 / 잡아와 / 굴러. 이 중 heel 은 산책 시 주인 옆에 보조를 맞춰 걸으라는 명령어다.

- neuter 중성화시키다 / TNR(Trap-Neuter-Return) 길고양이의 개체수를 줄여 관리하는 방법

Dog를 목적어로 취하는 동사 / Dog를 주어로 쓰는 동사

- When Rose picked up a stick to throw, her puppy yelped with delight.
로즈가 집어 던질 나뭇가지를 집자 로즈의 강아지가 기뻐서 왈왈거렸다.

- When you walk a big dog, you should put a muzzle on it. 대형견을 산책시킬 때는 반드시 입마개를 해야 한다.

Dog와 함께 자주 쓰이는 표현들

- Some dog handlers work with specially trained dogs in crime scenes.
몇몇 개 조련사들은 범죄 현장에서 특별히 훈련 받은 개들과 함께 일한다.

- You need to practice walking your dog on the leash.
개에 줄을 매어 산책시키는 연습을 해야 한다.

Cat 앞에 자주 쓰이는 형용사

- A black, sleek cat followed me, meowing. 매끈한 검은 고양이 한 마리가 야옹거리며 나를 따라왔다.

- The big tomcat hissed and swatted at me with one paw. 그 커다란 수고양이는 하악질을 하며 앞발로 나를 쳤다.

Cat 다음에 자주 쓰이는 동사들

- The kitten curled up in my arms and started to purr. 그 새끼 고양이는 내 팔에 몸을 말고 안겨서 가르랑거리기 시작했다.

- Finally, the stray cat allowed me to stroke her. 마침내 그 길냥이는 내가 쓰다듬을 수 있게 해주었다.

Kyle : My cat sheds so much. I can't wear black clothes.

Ivy : It's a hassle, isn't it? I run a robotic vacuum twice a day and also roll a tape cleaner over my clothes before I leave.

Kyle : Oh, does the robotic vacuum help a lot?

Ivy : Yeah, I set it up to run and I just roll the tape cleaner over the couch when I get back home in the evenings.

Kyle : Maybe I should get one, too.

Ivy : I strongly recommend it, but it may take some time before your cat gets used to it.

Kyle : How did your cat first respond to it?

Ivy : Jess used to hiss and swat at the machine, but now he's riding on it around the house while it's cleaning.

---

카일 : 우리 고양이는 털이 너무 많이 빠져. 검은 옷은 입지도 못해.

아이비 : 너무 귀찮지? 나는 하루에 두 번 로봇 청소기를 돌리고, 집에서 나오기 전에 테이프 클리너를 옷에 대고 굴려.

카일 : 어, 로봇 청소기는 많이 도움이 돼?

아이비 : 응, 로봇 청소기가 돌도록 설정해 놓고 저녁에 집에 가서는 테이프 클리너만 소파에 몇 번 굴려.

카일 : 나도 한 대 살까봐.

아이비 : 강력 추천이야! 하지만 고양이들이 익숙해지는 데 시간이 좀 걸릴 수도 있어.

카일 : 네 고양이는 처음에 어떻게 반응했는데?

아이비 : 제스는 청소기를 향해 하악질을 하면서 두들기곤 했는데, 지금은 청소기가 청소하는 동안 그걸 타고 집안을 돌아다녀.

Animal과 관련된 다음 문장을 영어로 말해보세요.

**01** 내 개가 귀를 쫑긋 세웠다. 무슨 소리를 들은 게 분명했다.

 My dog pricked up its ears. It must have heard something.

**02** 뮤지컬 〈캣츠〉에서 멍커스트랩은 커다란 회색 줄무늬 고양이이다.

 In the musical *Cats*, Munkustrap is a big grey tabby cat.

**03** 나는 브리티시 숏헤어 같은 단모종 고양이가 더 좋다.

 I prefer a short-haired cat like British Shorthair.

**04** 그 고양이는 내게 펄쩍 뛰어 들었다.

 The cat pounced on (leaped at) me.

**NOTE!**

☐ Canine American 갯과(科)의 미국인, 개를 정치적으로 올바르게 일컫는 농담

☐ Feline animals 고양이과 동물들 - 사자, 호랑이, 표범, 치타, 퓨마, 고양이 등

# EXERCISE 2

밑줄 친 부분에 들어갈 알맞은 단어를 보기에서 찾아 채우세요.

보기

kennel    whining    neuter    pedigree    litter

1. _____ dogs are very expensive. I prefer mongrels.

2. You can leave your dogs at a boarding _____ during your business trip.

3. How often do you change your cat _____?(*고양이 화장실의 모래를 얼마나 자주 갈아주나요?)

4. The poor dog was limping and _____.(*절뚝이며 낑낑거렸다.)

5. It's good for a dog to be _____ed.

정답   ❶Pedigree  ❷kennel  ❸litter  ❹whining  ❺neuter

Unit 31.

✦
✦

# Appearance

❶ 외모

❷ 등장 혹은 출현

- chubby / heart-shaped / oval / round / thin **face** 통통한 / 심장 모양의 / 타원형의 / 둥근 / 마른 얼굴
- ashen / pale / pallid / sallow / white **face** 잿빛의 / 창백한 / 창백한 / 누런 / 하얗게 질린 얼굴
- lined / wrinkled **face** 주름진 얼굴
- haggard / pinched **face** 초췌한 얼굴
- pretty / handsome **face** 예쁜 / 잘생긴 얼굴

- amber / blue / grey / hazel **eyes** 호박색 / 푸른 / 회색 / 녹갈색 눈
- close-set / wide-apart / wide-set **eyes** 눈 사이가 좁은 / 눈 사이가 먼 눈
- hollow / almond / sunken **eyes** 푹 꺼진 / 아몬드 모양의 (동양인의) / 푹 꺼진 눈
- misty / moist / rheumy / tearful **eyes** 촉촉한 / 촉촉한 / 눈곱이 많이 끼는 / 눈물이 그렁그렁한 눈
  - doe-**eyed** 암사슴처럼 순진한 눈
  - goo goo **eyes** 끈적끈적한 눈

얼굴 | 눈

**Appearance**

머리카락 | 동사 + hair

- auburn / black / blonde / brown / chestnut / fair / grey / grizzled / jet-black / red / sandy **hair** 적갈색 / 검은 / 금발 / 갈색 / 밤색 / 금발 / 회색 / 반백의 / 새카만 / 붉은 / 모래색 머리카락
- braided / curly / wavy / spiky / straight **hair** 땋은 / 곱슬의 / 구불구불한 / 뾰족하게 세운 / 곧은 머리칼
- cropped / flowing / long / short / shoulder-length **hair** 짧게 자른 / 구불구불 흐르는 / 긴 / 짧은 / 어깨까지 오는 머리칼
- greasy / lank / matted **hair** 기름기 도는 / 부드럽고 긴 / 엉겨 붙은 머리칼

- grow / plait / tie back / wear **hair** 머리칼을 기르다 / 땋다 / 뒤로 묶다 / ~한 스타일로 머리를 하다
- crop / cut / shave (off) / trim / brush / comb / do **hair** 머리카락을 아주 짧게 깎다 / 밀다 / 다듬다 / 빗다 / 빗다 / 손질하다
- bleach / color / dye **hair** 머리칼을 탈색하다 / 염색하다 / 염색하다

## "얼굴"

Face와 함께 자주 쓰이는 형용사들

- Alice listened to the tragic news, and her face turned ashen.
  앨리스는 그 비극적인 소식을 듣고, 얼굴이 잿빛으로 변했다.
- Ben, with his haggard face, just stared into the air on the beach.
  벤은 초췌한 얼굴로 해변에서 그저 허공만 바라보고 있었다.

## "눈"

Eyes와 함께 자주 쓰이는 형용사들

- Vince has wide-set gray eyes that are icy and dry. 빈스는 차갑고 건조하고 눈 사이가 먼 회색 눈을 가지고 있다.
- The couple sat there making goo-goo eyes at each other. 그 커플은 서로를 끈적끈적한 눈으로 바라보며 거기에 앉아 있었다.

## "머리카락"

Hair 앞에서 자주 쓰이는 형용사들

- Girls used to braid their hair into a long tail before marriage in Korea. 한국에서 소녀들은 결혼 전에 길게 한 갈래로 머리를 땋곤 했다.
- The mother cropped her girl's hair close to her head. 그 어머니는 딸의 머리칼을 바짝 짧게 잘랐다.

## "동사+hair"

동사+hair와 자주 쓰이는 동사들

- All the girls were wearing their hair in pigtails. 모든 소녀들은 머리를 양갈래로 묶고 있었다.
- Christine tied her hair back while talking to him. 크리스틴은 그에게 말을 하던 중에 머리를 뒤로 넘겨 묶었다.

Jess : Gee, look at this girl. Her doe eyes just melt my heart!

Amy : Who is she?

Jess : She is a member of a new girl band named Satin.

Amy : I didn't know you're into girl bands.

Jess : Oh, this band is just another level. On top of it, their lead vocalist Nana is so beautiful. Look! This shiny flowing hair, magical hazel eyes and heart-shaped face⋯.

Amy : Come on, stop giving the teenaged girl your goo-goo eyes!

Jess : Hey, I feel so alive when I see her, listening to her singing.

Amy : They'd call it a midlife crisis. Get real!

제스 : 와, 이 여자 좀 봐. 암사슴 같은 눈에 내 심장이 녹네.

에이미 : 누군데?

제스 : 새틴이라는 여성 밴드의 멤버야.

에이미 : 소녀 밴드 취향인 줄 몰랐네.

제스 : 이 밴드는 차원이 달라. 거기다가 리드 보컬인 나나는 너무 아름다워. 봐! 흘러내리며 빛나는 머리카락, 신비한 녹갈색 눈동자, 그리고 갸름한 계란형 얼굴까지.

에이미 : 에잇, 십대 여자애를 그렇게 끈적이는 눈으로 쳐다보지 마!

제스 : 노래를 부르는 나나를 보면 정말 살아 있는 느낌이야.

에이미 : 그런 걸 중년의 위기라고 하더라. 정신 차려.

Appearance와 관련된 다음 문장을 영어로 말해보세요.

**01**

아시아인들은 대개 아몬드 눈을 가지고 있고, 때때로 쌍꺼풀이 없다.

🔊 Most Asians have almond eyes, sometimes with monolids.

**02**

로라는 눈물 맺힌 눈으로 그를 바라보았다.

🔊 Laura looked at him with her tearful eyes.

**03**

어제 헤어숍에 가서 머리를 좀 다듬었다.

🔊 I went to a hairdresser and got my hair trimmed.

**04**

우울증을 앓는 그 젊은이는 늘 머리가 떡이 져 있었다.

🔊 The young man with depression always had matted hair.

**NOTE!**

☐ Bad hair day 아침부터 머리가 말을 듣지 않는 운 나쁜 날

☐ Let your hair down. 편히 쉬어.

밑줄 친 부분에 들어갈 알맞은 단어를 보기에서 찾아 채우세요.

보기

| | | | | |
|---|---|---|---|---|
| sunken | wavy | wrinkled | tie | bleach |

1. The old man's _____ face was beaming with wisdom.

2. When she ended the toxic relationship, she had dark circles under her eyes, and her eyes are _____.

3. She smiled at me, tossing her shiny _____ hair.

4. The actor _____ed his hair every eight days while on the TV show.

5. All the female clerks are expected to _____ their hair back into a bun.(*뒤로 넘겨 둥글게 하나로 모아 묶다.)

# Personality

✦
✦

❶ 성격, 인격

❷ 개성

❸ 유명인

# PERSONALITY

• good / great / pleasant **personality** 훌륭한 / 뛰어난 / 유쾌한 성격

• big / dominant / larger-than-life / strong **personality** 커다란 / 지배적인 / 존재감이 뛰어난 / 뛰어난 / 강한 성격

• bubbly / friendly / outgoing / warm **personality** 활발한 / 친절한 / 외향적인 / 따스한 성격

• charming / engaging / likeable / magnetic **personality** 매력적인 / 재미있는 / 호감이 가는 / 사람을 끄는 매력이 있는 성격

• **shy / honest / loyal** 내성적인 / 정직한 / 충직한

• **outgoing / easygoing / all-round / versatile / upbeat** 외향적인 / 태평스러운 / 다재다능한 / 긍정적인

• **well-developed** 성숙하고 균형 잡힌

• **selfish / childish / immature** 이기적인 / 유치한 / 미성숙한

**성격** · **형용사 ❶**

**Personality**

**형용사 ❷** · **그 외**

• brave / courageous / giving / caring / loving 용감한 / 용감한 / 베푸는 / 아끼고 살피는 / 사랑이 넘치는

• smart / sociable / sensitive / down-to-earth 똑똑한 / 사교적인 / 예민한 / 현실적인

• humorous / creative / imaginative / talkative / polite / laid-back / resourceful 유머 감각이 있는 / 창의적인 / 상상력이 뛰어난 / 말수가 많은 / 공손한 / 태평한 / 지략이 있는(쓸모가 많은)

• **a people person** 사람들과 잘 어울리는 사람

• **happy camper** 늘 행복하고 만족하며 사는 사람

• **golden boy** 모두가 좋아하는 가장 인기 있는 소년

• **big mouth** 입이 가벼운 사람

• **go-getter** 원하는 건 얻는 활동적인 사람

• **Goody Two shoes** 늘 착하고 규칙대로 사는 사람

• **know-it-all / smart Alec** 모든 걸 안다고 생각하며 다른 사람의 말을 듣지 않는 사람

• **mover and shaker** 조직이 돌아가게 만드는 행동주의자

• **worrywart** 걱정이 지나친 사람

## "성격"

Personality와 함께 자주 쓰이는 형용사

- Although Willow is just a little boy, he has a larger-than-life personality that draws in all the people he meets. 윌로우는 작은 소년이었지만 만나는 모든 사람들을 끌어들이는 강력한 성격을 가지고 있다.
- The girl has a bubbly personality and looks very gorgeous. 그 소녀는 성격이 명랑 쾌활하고 아주 아름답다.

## "형용사 ❶"

사람을 묘사하는 데 자주 쓰이는 형용사들

- He's an all-around scholar of botany. 그는 다재다능한 식물학자다.
- Learn to count your blessings, and you can become a well-developed person. 이미 가진 것을 소중히 여길 줄 알면 성숙하고 균형 잡힌 사람이 될 수 있다.

## "형용사 ❷"

사람을 묘사하는 데 자주 쓰이는 형용사들

- He seems pretty humble and down-to-earth for a millionaire. 그는 백만장자치고는 아주 겸손하고 현실적으로 보인다.
- My father is very laid-back about most things while my mother is very short-tempered. 우리 아버지는 모든 일에 있어서 아주 느긋한 반면 어머니는 성질이 매우 급하다.

## 그 외

사람을 묘사하는 여러 가지 표현들

- Megan doesn't like living by herself as she is a people person. 메건은 사람들을 좋아하고 사람들이 좋아하는 사람이라 혼자 사는 걸 좋아하지 않는다.
- My sister had a big mouth and didn't know what she was talking about. 내 여동생은 입이 너무 가벼워서 자기가 무슨 말을 하고 있는지도 몰랐다.

Liam : Should we go to the reception?

Cecil : You don't have to if you don't feel like going. But why?

Liam : I'm not a people person. Sometimes it's just very tiring to be surrounded by people I don't know that well.

Cecil : Stay home then. I'll go with Emily.

Liam : You mean, Emily Gibbon? Oh, I think she has a larger-than-life personality. She'll spice up the party.

Cecil : Yeah, she does! Nothing's boring with her around. Still not going?

Liam : Nah. I'll just binge watch my favorite TV show.

Cecil : All right. Suit yourself!

---

리암 : 그 환영회에 우리가 가야 해?

세실 : 원치 않으면 가지 않아도 돼. 왜?

리암 : 나는 사람들하고 어울리는 거 안 좋아하잖아. 종종 잘 모르는 사람들한테 둘러싸여 있는 게 아주 피곤해.

세실 : 그럼 집에 있어. 나는 에밀리랑 갈게.

리암 : 에밀리 기본 말하는 거야? 아, 그 여자는 존재감이 장난 아니지. 파티에 흥은 돋궈줄 거야.

세실 : 응, 그래. 그 여자가 옆에 있으면 지루할 틈이 없어. 여전히 안 가는 거야?

리암 : 안 가. 그냥 좋아하는 TV 드라마나 정주행 할래.

세실 : 알았어. 좋을 대로.

Personality와 관련된 다음 문장을 영어로 말해보세요.

**01**

로버트는 유쾌한 성격에 다가가기 쉽다.

🔊 Robert had a pleasant personality and was very approachable.

**02**

새로 온 코치는 아이들을 아주 능숙하게 대해.

🔊 The new coach is very easy going with children.

**03**

내 대모님은 베풀기를 좋아하고 사람들을 아끼고 보살피는 분이었다.

🔊 My god mother was very giving and caring.

**04**

그는 원하는 것을 달려들어 해내는 사림이라서 다른 사람들이 일하는 동안 절대 가만히 앉아서 보고만 있지 않을 거야.

🔊 He's a go-getter, so he'll never sit and watch while others work.

**NOTE!**

☐ Karen 진상 짓을 하는 백인 중년 여성을 일컫는 표현

☐ Chad 알파 메일(alpha male), 일명 상남자

☐ Stacy Chad와 사귀는 깊이 없고 외모만 꾸미는 여자

## STEP 4 · EXERCISE 2

밑줄 친 부분에 들어갈 알맞은 단어를 보기에서 찾아 채우세요.

> **보기**
>
> upbeat    golden    sensitive    know-it-alls    likeable

1. Julie is very _____ and always has lots of friends.

2. Everything was very _____ and positive in the 1990s. It seemed like the world was really my oysters.(*'세상이 굴이다'라는 표현은 '마음대로 얻을 수 있다'는 뜻이다.)

3. Coral is very _____ to changes in water temperature.

4. Shane was the _____ boy in our family. Everyone expected him to be a successful businessman.

5. A bunch of _____ are killing the atmosphere in my office.

정답　❶likeable　❷upbeat　❸sensitive　❹golden　❺know-it-alls

# Performance

**❶** 공연

**❷** 실적, 성과

# PERFORMANCE

- animated / documentary / feature / independent **movie**
만화 영화 / 다큐멘터리 영화 / 장편 영화 / 독립 영화

- **movie** critic / poster / trailer / adaptation / franchise 영화 비평가
/ 영화 포스터 / 영화 예고편 / 원작을 각색한 영화
/ 영화 시리즈

- classic / cult / blockbuster / hit / smash-hit / big-budget / low-budget **movie** 고전 영화 / 컬트
영화 / 블록버스터 영화 / 히트작 / 대히
트작 / 고예산 영화 / 저예산 영화

- In-flight / silent / action / horror / adult **movie** 기내
영화 / 무성 영화 / 액션
영화 / 공포 영화 / 포르노
영화

- annual / benefit **concert** 연례 /
자선 콘서트

- **concert** tour / venue 콘서트 투어 /
장소

- live / promenade / classical / jazz / rock / orchestral / gala **concert** 라이브 / 산책음악회 / 고전음악 /
재즈 / 록 / 오케스트라 / 갈라 콘서트

- subscription **concert**
정기 연주회

**콘서트**

**영화**

**Performance**

**극장**

**뮤지컬**

- open-air / puppet **theater** 야외 극장 / 인형 극장

- Broadway / Hollywood / West End **musical** 브로드웨이 / 할리우드 /
웨스트 엔드 뮤지컬

- amateur / commercial / professional / fringe / provincial / repertory **theater**
아마추어 / 상업 / 프로 / 실험 / 지방 / 레퍼토리
극장

 **Tip!**

- promenade concert는 (관객이 앉아서 듣기보다는) 산책하며 음악을 감상하는 콘서트를 의미한다.
  Ex BBC Proms

## "영화"

### Movie와 함께 자주 쓰이는 형용사와 명사

- *The Blind Side* is a feature movie based on Michael Lewis's New York Times bestseller. 〈블라인드 사이드〉는 마이클 루이스가 쓴 뉴욕타임스 베스트셀러를 원작으로 한 장편 영화다.
- *Fast & Furious* started as a low-budget movie and grew into a mega-budget franchise. 〈패스트 앤 퓨리어스〉는 저예산 영화로 시작해서 어마어마한 예산 시리즈로 발전했다.

## "콘서트"

### Concert와 함께 자주 쓰이는 표현들

- The singer recently held a benefit concert for the victims of the earthquake.
  그 가수는 최근에 지진 피해자들을 위한 자선 콘서트를 개최했다.
- In 2015, the orchestra celebrated its 100th subscription concert.
  2015년에 그 오케스트라는 100번째 정기 연주회를 열었다.

## "뮤지컬"

### Musical과 함께 자주 쓰이는 표현들

- Ron started his acting career as an understudy in a Broadway musical.
  론은 브로드웨이 뮤지컬의 대역 배우로 연기 경력을 시작했다.
- We went to the National Gallery and then saw a West End musical in London.
  우리는 런던에서 내셔널 갤러리에 갔다가 그리고 나서 웨스트 엔드 뮤지컬을 봤다.

## "극장"

### Theater와 함께 자주 쓰이는 표현들

- The small town has a little puppet theater with a long history.
  그 작은 도시에는 오랜 역사가 있는 작은 인형 극장이 있다.
- SF Fringe is a fringe theater festival and one of the largest multi-arts events in North America. 샌프란시스코 프린지는 실험 연극 축제로 북미에서 가장 큰 다중 예술 축제 중 하나였다.

Quinn : I've seen *Cats* on the West End.

Ava : You mean *Cats*, the musical?

Quinn : Yeah, about 7 years ago I was backpacking in Europe, and London was one of the places I visited.

Ava : How did you like the original version?

Quinn : It was much better than the licensed one I had seen in my country, but there were other performances better than *Cats*.

Ava : Such as?

Quinn : Shakespeare's *Midsummer Night's Dream* in the open-air theater in Regent Park just wowed me.

Ava : Open-air theater? I wish I could visit London and see the play!

---

퀸 : 나는 웨스트 엔드에서 〈캣츠〉를 본 적 있어.

에이바 : 뮤지컬 〈캣츠〉 말야?

퀸 : 응, 한 7년 전인가, 유럽에서 배낭여행 중이었는데 런던도 갔던 데 중 하나야.

에이바 : 오리지널 뮤지컬은 어땠어?

퀸 : 우리나라에서 본 라이센스 뮤지컬보다 훨씬 좋았어. 그런데 〈캣츠〉보다 더 멋진 공연들이 있었어.

에이바 : 어떤 거?

퀸 : 리젠트 파크 야외 극장에서 하는 셰익스피어의 〈한여름 밤의 꿈〉은 보면 그냥 감탄만 나와.

에이바 : 야외 극장이라고? 나도 런던에 가서 그 연극을 보고 싶어!

Performance와 관련된 다음 문장을 영어로 말해보세요.

**01** 〈The Blonde〉는 서울로 오는 비행 편에서 이용 가능했던 기내 영화 중 한 편이었다.

🔊 *The Blonde* was one of the in-flight movies available on the flight to Seoul.

**02** 세인트존스 극장은 롱아일랜드에 기반을 둔 레퍼토리 극장이다.

🔊 St. Jones Theater is a repertory theater based on Long Island.

**03** 그 배우는 현재 브로드웨이 뮤지컬에 출연 중이다.

🔊 The actor is currently appearing in a Broadway musical.

**04** 그 대사관은 독일 고전 음악 갈라 콘서트를 주최할 계획이다.

🔊 The embassy is planning to organize a gala concert of German classical music.

**NOTE!**

☐ It's not my forte. 그건 내가 잘하는 분야가 아냐.

☐ It ain't over until the fat lady sings. 아직 끝나지 않았다. 오페라에서 유래된 표현으로 '아직 결과가 확실하게 나온 게 아니니 두고 봐야 한다'는 뜻이다.

밑줄 친 부분에 들어갈 알맞은 단어를 보기에서 찾아 채우세요.

보기

venue    live    West End    documentary    classical

1.  The director talked about how to shoot a _____ movie.(*다큐 영화 찍는 법)

2.  The concert _____ was small but lovely.

3.  During the COVID lockdown, _____ concerts were banned.

4.  You are advised to observe some etiquettes during a _____ concert.

5.  The longest-running _____ musical is *Les Misérables.*

  ❶documentary ❷venue ❸live ❹classical ❺West End

# Part 3
# 동사
(보다 / 말하다 / 바라다)

# See Look Watch

❶ see: 보여서 보다

❷ look: 시선을 어디에 두어서 시각 정보를 받아들이다

❸ watch: 주의를 기울여 보다

- We **see** with our eyes 우리는 눈으로 본다
- I don't **see** much of him 그 사람이 별로 보이지 않아
- I **see** a cat on the roof 지붕 위에 고양이 한 마리가 보여
- **See** the footnote at the end of the book 책 끝부분에 미주를 봐
- You can **see** the building when you turn the corner 모퉁이를 돌면 그 건물이 보일 거야

**See 1** (보여서 보다)

- I don't **see** a point in voting for him 그 사람에게 표를 던져야 하는 이유를 모르겠어
- Can you **see** the difference? 차이가 뭔지 알겠어?
- I'll **see** to it that it won't happen again 그 일이 다시 일어나지 않도록 확인할게

**See 2** (알다)

**See / Look / Watch 1**

**See 3** (만나다)

**그 외**

- I want to **see** my boyfriend 내 남자 친구를 만나고 싶어
- I'm glad to **see** you here 너를 여기서 만나서 기뻐
- Robert may come and **see** us this weekend 로버트가 이번 주말에 와서 우리와 만날지도 몰라
- I'll **see** you next month 다음달에 봐

- **See** a doctor 의사에게 진료 받다

**Tip!**

- 'I see things'는 '헛것을 보다'라는 의미다.

- **look** at something 무언가를 보다
  (시선이 거기 가 있다) = put someone's eyes on
  something '시선을 무언가에 두다'라는 의미
- **Look** at this! (명령문으로) 이거 봐!

- **look** tired /strange 피곤해 / 이상해
  보이다

**Look 1**

**Look 2**
(보이다)

See / Look
/ Watch
2

**Watch 1**
(보려고 보다,
주의 깊게 살피다)

**Watch 2**
(조심하다)

- **watch** a movie
  (본인이 틀어서) 영화를 보다
- **watch** my bag while I'm
  gone 자리 비운 동안 가방 좀 봐 줘
- **watch** O+V(~ing) ~가 ~하는 것을
  지켜보다

- **Watch** your step 계단 조심
- **Watch** your language 말조심해

**Tip!**

- 'See a movie'는 '영화관에서 영화를 보다'라는 의미이고, 'watch a movie'는 '(집에서 본인이 틀어서)
  영화를 보다'의 의미다.

# SEE LOOK WATCH 3

| See | Look at | Watch |
|---|---|---|

See
감각 기관 중 하나로 보다

Look at
시선을 ~에 두다
(그래서 명령 가능)

Watch
의지를 가지고 지켜보다
(명령문일 때 조심하라는 경고)

**Tip!**

- "I see." 알았어.
- "Watch out!", "Look out!" 조심해.

## "See"

보여서 보다

- Did you see the new movie that just came out? 막 개봉한 그 새로운 영화 봤어?
- I see what you mean now; that explanation makes things clearer. 네가 무슨 말을 하려는 건지 알겠어. 그 설명을 들으니 이제 상황이 분명해지네.

## "Look at"

보다, 눈길을 주다(=put someone's eyes on something)

- Look at the sky; the sunset is beautiful tonight. 하늘을 봐. 오늘 밤에는 일몰이 아름다워.
- The old house on the hill looks abandoned, with its broken windows and overgrown garden. 언덕 위의 그 오래된 집은 창문들은 깨지고 정원은 수북히 자란 게 버려진 집처럼 보인다.

## "Watch"

보려고 보다, 지켜보다, 관찰하다, 조심하다

- Let's watch the fireworks display from the rooftop for a better view. 옥상에서 불꽃놀이를 보자. 더 잘 보여.
- Watch out for the low ceiling in the attic; you might bump your head. 다락방 천장이 낮으니 조심해. 머리를 부딪힐 수도 있어.

## 그 외

보여서 보다, 알다(그 외 보다 동사)

- stare 응시하다
- glare 노려보다
- squint 실눈을 뜨고 보다

Meg : Did you see Megan leaving the party last night?

Vince : No, I was watching Jim and Bella's game upstairs.

Meg : She said she wanted to talk to me, but she just left.

Vince : Jim said Megan looked anxious.

Meg : She isn't answering my calls and hasn't read my texts, either.

Vince : Oh, that sounds serious.

Meg : Do you happen to know Megan's roommate's number?

Vince : No, but if you look in the dorm directory, you may find out.

---

메그 : 어젯밤 파티에서 메간이 떠나는 거 봤어?

빈스 : 아니, 나는 위층에서 짐과 벨라가 하는 게임을 보고 있었어.

메그 : 나랑 얘기하고 싶다더니 가고 없더라고.

빈스 : 짐은 메간이 불안해 보인다고 하던데.

메그 : 지금 내 전화도 받지 않고, 문자도 확인하지 않고 있어.

빈스 : 어, 그건 심각해 보이는데.

메그 : 혹시 메간 룸메이트 전화번호를 알아?

빈스 : 아니, 하지만 기숙사 전화번호부를 보면 찾을 수 있을지도 몰라.

See / Look / Watch를 이용해서 다음 문장을 영어로 말해보세요.

01
뭘 보고 있는 거야? 밖엔 아무도 없는데.

 What are you looking at? There's no one outside.

02
이 두 사진의 차이가 보여?

 Can you see the difference between the two photos?

03
필은 몇 시간째 개미 농장 안의 개미들을 지켜보고 있어.

 Phil has been watching ants in the ant farm for hours.

04
하늘에 먹구름 보여? 우산 가저가.

 Do you see the dark clouds in the sky? Take an umbrella with you.

**NOTE!**

☐ 에릭 칼의 그림책《Brown Bear, Brown Bear, What Do You See?》를 보면 see와 look at의 용법 차이를 이해할 수 있다. "I see a red bird looking at me"라는 구절이 동물만 바뀌면서 계속 반복된다.

밑줄 친 부분에 들어갈 알맞은 단어를 보기에서 찾아 채우세요.

보기

watch    see    see    watch    look at

1. I can _____ a spot on your face.

2. It's hard to _____ a rainbow in a big city.

3. My husband and I like _____ing movies at home.

4. Why don't you _____ the map to find our location?

5. Students were advised not to _____ videos on their phones during class.

정답    ❶see    ❷see    ❸watch    ❹look at    ❺watch

# Say Tell Talk Speak

❶ say: 말로 무언가를 표현하다

❷ tell: 누군가에게 정보를 주다

❸ Talk: 무언가에 대한 정보를 교환하다(informal)

❹ speak: 무언가에 대한 정보를 교환하다(fomal)

# SAY TELL TALK SPEAK

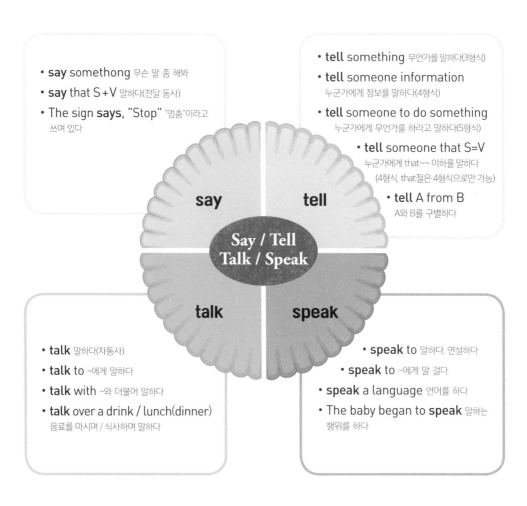

- **say** somethong 무슨 말 좀 해봐
- **say** that S+V 말하다(전달 동사)
- The sign **says**, "Stop" "멈춤"이라고 쓰여 있다

- **tell** something 무언가를 말하다(3형식)
- **tell** someone information 누군가에게 정보를 말하다(4형식)
- **tell** someone to do something 누군가에게 무언가를 하라고 말하다(5형식)
- **tell** someone that S=V 누군가에게 that~~ 이하를 말하다 (4형식, that절은 4형식으로만 가능)
- **tell** A from B A와 B를 구별하다

**say**

**tell**

**Say / Tell Talk / Speak**

**talk**

**speak**

- **talk** 말하다(자동사)
- **talk** to ~에게 말하다
- **talk** with ~와 더불어 말하다
- **talk** over a drink / lunch(dinner) 음료를 마시며 / 식사하며 말하다

- **speak** to 말하다, 연설하다
- **speak** to ~에게 말 걸다
- **speak** a language 언어를 하다
- The baby began to **speak** 말하는 행위를 하다

**Tip!**

- 전달 동사란 '나를 포함하여 누군가가 한 말 또는 생각을 말이나 글로 옮길 때' 쓰는 동사를 의미한다. 주로 say와 tell이 쓰인다.

- Could you please tell me the time? 몇 시예요?

- talk와 speak는 동물과 달리 '인간이 언어를 하다'는 뜻으로, '말하는 행위를 하다'는 의미로 쓰인다.

## "Say"

말하다, 전달하다, 발화 행위를 하다

- Can you say that again? I didn't quite catch it the first time. 그거 다시 말해 줄래? 처음 듣고 파악하지 못했어.
- Whenever I feel nervous, my mom always says, "Just do your best." 긴장할 때마다 우리 엄마는 늘 "그냥 최선을 다해"라고 말씀하신다.

## "Tell"

말하다, 이야기를 하다, 전하다

- Rebecca told a fascinating story about her travels in Asia. 레베카는 아시아에서 여행한 멋진 이야기를 해주었다.
- Please tell the truth; honesty is important in this situation. 제발 진실을 말해줘. 정직은 이런 상황에서 중요해.

## "Talk"

이야기하다, 대화하다, 발화 행위를 하다

- Let's talk about your plans for the weekend. 이번 주말 네 계획에 대해 얘기해보자.
- Henry loves to talk about his adventures abroad. 헨리는 자기의 해외 모험에 대해 말하기를 좋아한다.

## "Speak"

말하다, 발화 행위를 하다, 언어를 하다

- Could you speak a little louder? I'm having trouble hearing you. 좀 더 크게 말씀해 주실래요? 당신 목소리가 잘 들리지 않아서요.
- Laura speaks three languages fluently. 로라는 3개 언어를 유창하게 한다.

Sophie : Matt, I need to talk to you.

Matt : Can't you see I'm speaking with my client on the phone?

Sophie : Sorry, but this can't wait.

Matt : Okay, what is it?

Sophie : Heather hasn't turned up for the meeting. Actually, she didn't come to the office today. The meeting starts in 20 minutes. What should we do?

Matt : Why are you telling me so late? You should've contacted her earlier!

Sophie : I already tried to reach her. I called her, but she didn't answer. I even talked to her mom. She said she doesn't know where Heather is.

Matt : Phew, we have to cancel the meeting, then.

소피 : 매트, 얘기 좀 해.

매트 : 안 보여? 나 지금 전화로 클라이언트하고 얘기 중이잖아.

소피 : 미안한데, 이건 기다릴 수 없어.

매트 : 좋아, 뭐야?

소피 : 헤더가 회의에 오지 않았어. 사실, 오늘 사무실에도 오지 않았거든. 회의는 20분 뒤에 시작이야. 어떻게 하지?

매트 : 왜 이렇게 늦게 말해? 진작 헤더한테 연락했어야지!

소피 : 이미 연락해봤지. 전화했는데, 받지 않았어. 심지어 그녀의 엄마와도 얘기했는데, 헤더가 어디 있는지 모른대.

매트 : 휴, 그럼 회의를 취소해야겠다.

Say / Tell / Talk / Speak를 이용해서 다음 문장을 영어로 말해보세요.

01
당신의 보고서에 대해 당신과 얘기 좀 하고 싶어요.

🗣️ I'd like to talk with you about your report.

02
제인이 어제 무슨 일이 있었는지 말하던가요?

🗣️ Did Jane say what happened yesterday?

03
그 매니저는 직원들에게 일하는 동안 계속 서 있으라고 했다.

🗣️ The manager told the clerks to keep standing while working.

04
그 정치인은 새로운 재생 에너지 정책에 대해 연설했다.

🗣️ The politician spoke about the new policy on renewable energy.

**NOTE!**

- ☐ Money talks! 돈이면 통해!
- ☐ Look who's talking! 남 말 하고 있네!
- ☐ Talk back 말대꾸하다
- ☐ Have one's fortune told 점치다

밑줄 친 부분에 들어갈 알맞은 단어를 보기에서 찾아 채우세요.

> 보기
>
> speak    said    tell    told    say

1. Don't _____ her about our plans.

2. They waited for an answer, but he didn't _____ a word.

3. He _____ that he would pick me up at the station.

4. She _____ us that he was going to move to California.

5. Did the life coach _____at your company's workshop?

정답   ❶tell   ❷say   ❸said   ❹told   ❺speak

# Want Wish Hope

❶ Want: 무언가를 가지거나 지키거나 하기를 원하다

❷ Wish: 가능성이 없는 일이 일어나기를 원하다 /

무언가를 원하거나 무언가를 하기를 원하다

❸ Hope: 어떤 일이 일어나거나 실현되기를 바라거나

기대하다

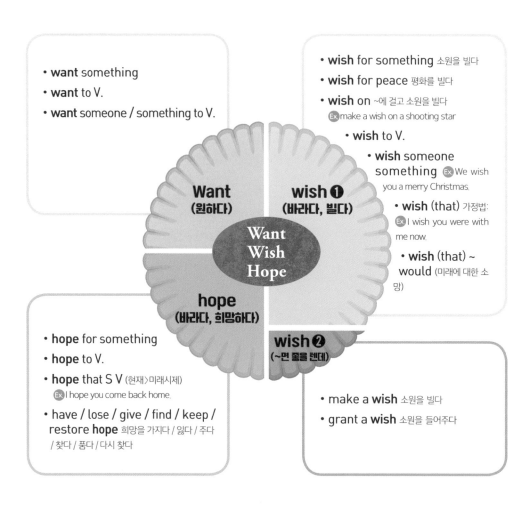

• **want** something
• **want** to V.
• **want** someone / something to V.

**Want**
(원하다)

**wish ❶**
(바라다, 빌다)

• **wish** for something 소원을 빌다
• **wish** for peace 평화를 빌다
• **wish** on ~에 걸고 소원을 빌다
  Ex make a wish on a shooting star
    • **wish** to V.
      • **wish** someone
        something Ex We wish
        you a merry Christmas.
        • **wish** (that) 가정법:
          Ex I wish you were with
          me now.
          • **wish** (that) ~
            would (미래에 대한 소망)

**Want Wish Hope**

**hope**
(바라다, 희망하다)

• **hope** for something
• **hope** to V.
• **hope** that S V (현재>미래시제)
  Ex I hope you come back home.
• have / lose / give / find / keep /
  restore **hope** 희망을 가지다 / 잃다 / 주다
  / 찾다 / 품다 / 다시 찾다

**wish ❷**
(~면 좋을 텐데)

• make a **wish** 소원을 빌다
• grant a **wish** 소원을 들어주다

---

**Tip!**

• hope는 일어날 수 있는 일에 대해 '바라다'는 뜻이지만 wish는 that과 함께 가정법으로 쓰이며, 실현 가능성이 없는 일을 의미한다.
• hope to V.나 wish to V.는 의미에 큰 차이가 없다.

## "Want"

원하다

- What do you want from me? 나한테 뭘 원해?
- I want to visit the salt flat in Bolivia. 나는 볼리비아에 있는 소금 평원에 가보고 싶어.
- She wanted her boyfriend to pop the question. 그녀는 남자 친구가 프러포즈해 주기를 원했다.

## "Wish ❶"

바라다, 빌다

- What I wish for most is that we can return to our homes in one piece. 내가 가장 바라는 것은 우리가 무사히 집으로 돌아가는 것이다.
- I wish to visit you in the summer, if possible. 나는 가능하면 여름에 당신을 방문하고 싶다.
- I wish you every success. 당신의 (하시는 모든 일에) 성공을 빌어요.

## "Hope"

바라다, 희망하다

- The surgery is over. Her life is out of our hands now. Let's hope for the best. 수술은 끝났습니다. 그 여성의 생명은 이제 우리 손을 벗어났어요. 최선의 결과를 바라 봅시다.
- They wanted to mend strained relations with China. 그들은 중국과 경색된 관계를 개선하고 싶어 했다.
- I hope you have a great time here in Guam. 여기 괌에서 즐겁게 보내세요.

## "Wish ❷"

~면 좋을 텐데

- He wished that he had doubted her intentions. 그가 과거에 그녀의 의도를 의심해 봤더라면 얼마나 좋았을까 싶었다.
- He wished he would never wake up. 그는 자신이 결코 깨어나지 않기를 바랐다.

Fiona : I wish my mom was here to see me.

Ted : Yeah, she'd be proud of you.

Fiona : Right, she always wanted me to be a writer, and now that I have my first book published, I miss her even more.

Ted : She must be watching you from heaven.

Fiona : Thanks, but she doesn't believe in heaven or hell. Still, I believe in all the love and good will she left behind.

Ted : Good for you. I just hope for the best for you.

Fiona : I know. I'm so grateful to you for supporting me through everything. And you are and will continue to be my first reader.

Ted : Well, I'm honored. Now let's go get the first copy of your book from the bookstore!

피오나 : 우리 엄마가 여기 와서 나를 볼 수 있었으면 좋겠어.

테드 : 응, 네 어머니는 너를 자랑스러워했을 거야.

피오나 : 맞아, 항상 내가 작가가 되길 원하셨어. 이제 첫 책을 출판했으니 더욱 그리워.

테드 : 천국에서 널 지켜보고 계실 거야.

피오나 : 고마워, 하지만 엄마는 천국이나 지옥을 믿지 않으셨어. 그래도 엄마가 남긴 모든 사랑과 선의를 믿어.

테드 : 잘했어. 나는 네게 최고의 일만 일어나길 바랄 뿐이야.

피오나 : 알아. 내가 어떤 일을 겪든 지지해줘서 정말 고마워. 그리고 넌 나의 첫 독자이고 계속 그럴 거야.

테드 : 음, 영광이야. 이제 서점에 너의 첫 책을 사러 가자!

Want / Wish / Hope를 이용해서 다음 문장을 영어로 말해보세요.

**01**

(최고의) 행운을 빌어요.

 I wish you all the best.

**02**

그들은 헨리가 다시 팀장으로 돌아오기를 바랬다.

 They hoped Henry would come back as their team leader.

**03**

우리 아버지는 내가 내 용돈을 직접 벌기를 원하신다.

 My father wants me to earn my own allowances.

**04**

전쟁이 곧 끝나면 얼마나 좋을까.

 I wish the war would end soon.

**NOTE!**

☐ hope against hope 희망을 버리지 않다

밑줄 친 부분에 들어갈 알맞은 단어를 보기에서 찾아 채우세요.

보기

wants    wish    wished    wished    hopes

1. She _____ she were taller.

2. Robin failed his test. He _____ he had studied more.

3. It's expensive to have a car in the city. Sometimes I _____ I did not have a car.

4. Sarah has a lot of work to do, but she _____ she can finish by 5 pm.

5. My boss _____ me to go on a business trip for him.

 정답   ❶ wished   ❷ wished   ❸ wish   ❹ hopes   ❺ wants

# PIE ENGLISH
## 파이 잉글리시

초판 1쇄   발행일   2023년   12월   11일

지은이      조이스 박
펴낸이      유성권

편집장      양선우
책임편집    윤경선            편집    김효선 조아윤
해외저작권  정지현            홍보    윤소담 박채원         디자인   박정실
마케팅      김선우 강성 최성환 박혜빈 심예찬 김현지
제작        장재균            물류    김성훈 강동훈

펴낸곳      ㈜이퍼블릭
출판등록    1970년 7월 28일, 제1-170호
주소        서울시 양천구 목동서로 211 범문빌딩 (07995)
대표전화    02-2653-5131 | 팩스 02-2653-2455
메일        loginbook@epublic.co.kr
포스트      post.naver.com/epubliclogin
홈페이지    www.loginbook.com

**로그인** 은 (주)이퍼블릭의 어학 · 자녀교육 · 실용 브랜드입니다.